黒人差別とアメリカ公民権運動

ジェームス・M・バーダマン
James M. Vardaman

a pilot of wisdom

目次

写真デザイン／今井秀之

プロローグ——名もなき人々の公民権運動

本当のヒーロー、ヒロイン

公民権運動は、近年のアメリカ史のなかでももっともダイナミックな社会運動の一つである。それはただ単に「起こった」のでもなく、またただの「歴史」でもない。形はさまざまであれ、その運動は今も続いているのである。何世紀にもわたる忍耐と、アメリカの現実を少しでも良くしようという決意に動かされた一人一人の人間が、あらゆる法的、経済的、社会的、そして教育的な手段を使って、自分たちの権利と自分たちに対する敬意を長年認めようとしなかった社会制度を打破し、本当の権利と本当の敬意を勝ち取るために、文字どおり血と汗と涙を流してきたのだ。公民権運動を導いてきた黒人指導者たちの力強い人間性は、今もその当時も、多くのメディアをこの運動に注目させ、さまざまな角度から分析されてきた。

しかし目を凝らしてみれば、何百という小さな市や町で、何千というごく普通の教会、学校やその地域の公民館などでは、まったく違った指導者たちが活躍していた。小さな町から外に出ればすぐに忘れられてしまうような彼らは、カリスマ的指導者のように注目を浴びることも、その名前を語り継がれることもほとんどない。しかし平等を求める運動では、倦《う》むことなく働き、電話で語りかけ、家々を訪ねては理解を求め、集会を開き、歩き、すわり込み、そして祈ったのである。この本はそんな普通のアフリカ系アメリカ人にささげられるものである。彼らはほとんど白人の助けを借りることもなく、子どもや孫がより良い人生を送ることができるように立ち上がり、自分たちが敬意と平等な扱いを受けるに値するのだという確信を実現するために、何度も死に直面するような体験をしてきた。あるときには、裁判所の判決がただ単に紙に書かれただけのものではなく、実際に効力を持っていることを世間に示すために、自分の子どもたちの命を危険にさらすほど大きな勇気を見せたこともあった。正義、自由、そして平等が合衆国憲法修正条項のなかに書き込まれてから一世紀後に、そこに書かれたことを現実にしたのは、男だけではなく、勇気ある女や子どもたちでもあったのだ。

本書はそのような公民権運動の本当のヒーロー、ヒロインの物語である。焦点はこの戦いに関わった有名な指導者たちや大きな組織にではなく、「現場」に関わっていたごく普通の個人と彼らの勇気、犠牲に当てられている。また抽象的な「問題」やこの「運動」の概説にではなく、アフリカ系アメリカ人が日常生活で何を体験し、どんなことに反応をしていたのか、という具体的なことがらに焦点を当てている。

公民権運動が始まった二十世紀半ばからすでに半世紀が過ぎた今、人種を問わずすべてのアメリカ人は一九五四年から六八年までの出来事を再検証し、そこから教訓を得、またそれを現在に応用しようとしている。また事実の正確さや商業的な成功にはさまざまな差があるものの、多くの映画がこの時期の出来事を題材にしている。そして今になってやっと明るみに出てきた新たな証拠に基づき、さまざまな人々や事件を見直そうとする新たな本、テレビの特別番組、新聞の論説が続々と出てきている。一九九〇年から現在までの間にも、正義を実現するのに遅すぎることはないと主張する検察官が、四十年も前に起こった公民権運動中の殺人事件、爆破事件などの犯罪に関して新たに公訴を提起し、有罪判決を勝ち得ている。

このような例は公民権運動だけではない。初期の奴隷制も無視することはできない。二〇〇四年には、逃亡奴隷が北部やカナダに逃げられるように密かに援助していた秘密組織、アンダーグラウンド・レイルロード（地下鉄道）に関する資料を公開する「アンダーグラウンド・レイルロード博物館」が、また二〇〇六年には「国立奴隷制度博物館」が設立された。奴隷制度が最終的に廃止されてから約百五十年がたった現在、奴隷制に対するなんらかの賠償を要求しようという運動も始まっている。二〇〇七年八月には、一九六〇年代に制定された投票権法の条項の一部が期限切れとなるため、果たしてこの公民権運動の目的は達成されたのか、あるいはまだなすべきことが多くあるのか、議論は熱を帯びてきている。

アメリカ合衆国の公民権運動は、一九五四年に突然始まり、六八年に突然終わったわけではないが、この時期は合衆国が政治的、社会的に大きな変化を遂げる重大な時期であったことは確かである。なぜならこの時期の出来事はアメリカ大陸における約三世紀半にわたる人種問題を反映しているばかりでなく、アメリカに、またアメリカと他の国との関係に多大な影響を及ぼし続けてきたからである。したがって、現在のアメリカ社会を理解しようとすれば、必然的に人種問題の意味、特に一九五四年から六八年にアメリカ南部の州で起きた黒人と白人の間の衝突に直面せざるを得ない。この本が焦点を合わせているのはそのような時期である。

ジム・クロウ法（黒人差別法）

この本を始めるのは、最初のアフリカ人が新大陸のイギリス領植民地に連れて来られた一六一九年でもなく、あるいは南北戦争が終わり、黒人の奴隷制度が正式に廃止された一八六五年でもなく、一九五四年の「ブラウン対教育委員会」裁判からである。それに続く十四年間の出来事を検証しながら、なぜこの裁判が重大な意義を持つのか、その歴史的文脈を振り返ってみることにする。そのことにより、「ジム・クロウ法（黒人差別法）」と呼ばれているものの闇の深さと深刻さが徐々に理解できるはずだ。

一八三〇年代、白人のエンターテイナー、トマス・ダートマス・ライスは、ミンストレル・ショーで顔を黒く塗り、「ジム・クロウ」という架空の人物になって、愚かで、奇妙な動きをする黒人を演じていた。歌あり、踊りありのこの持ちネタは大いに受け、ジム・クロウという名は、ミンストレル・ショーでは定番の喜劇的登場人物として知られるようになった。しかしその後、その名前ははるかに深刻なものを指すのに使われることになる。

南北戦争（一八六一―六五）が終わるころ、リンカーン大統領の奴隷解放宣言により正式に自由になれるとわかった黒人奴隷たちは、合衆国政府から「四十エイカーの農地とラバ一頭」が与えられるという共和党議員サディアス・スティーヴンズの提案に希望を抱いていた。それだけの土地とラバがあれば、一軒の農家を支えていくには十分であったし、何より新たに解放された奴隷の家族は、はじめて白人の監視下から自由になれるはずであったからだ。

分配されるはずの土地は、南部の大農園を接収し、四十エイカーの単位に分割する大規模な農地改革によって得られるはずだった。しかし残念ながら、期待されたその土地は「期待」のまま終わってしまう。だが公民権、投票権、議会で働ける権利、ならびに公職につける権利は、書類上では実現していた。「再建」として知られている連邦軍占領下の南部で、アフリカ系アメリカ人は、アメリカにおいてはじめて法的に平等な権利を得られる手段を持ったのである。

しかし勝利を収めた北部諸州は南部を占領したものの、南部の法的、社会的制度を「再建」しようとすることに最終的には疲れてしまう。その再建が一八七七年に終わると、アフリカ系アメリカ人が平等な権利を持つことを嫌う南部の白人の抵抗が前面に出てくるようになった。そして社会生活のなかで、慣習的に黒人が取るべき行動の規範が明確にされ、黒人たちは日常生活のなかで、ますます白人に服従していることを目に見える形で示すように求められた。この慣習的な制度では、黒人が劣った立場にあることが明白になっている限り、白人とのかなり親密な接触も許されたが、違った人種が平等な立場に立っていることが少しでもほのめかされる場合は、日常的な接触すら禁止されていた。

しかし黒人に対する締め付けは次第にそのような程度ではすまなくなってくる。一八九〇年代までに白人はアフリカ系アメリカ人から、彼らが得たばかりの法的権利を事実上奪うことができる法や規則を新たに作り出し、しばしば暴力に訴えてまで、人種差別と白人の優位性を堅固にしていく社会的慣習を強要するようになった。これが「ジム・クロウ法」と呼ばれるものであったが、その実体は、法律として成文化されているものと、そうではない残酷な社会的慣習が複雑にからみ合うものであった。公民権運動の背景には、十九世紀の終わりから一九五〇—六〇年代まで続いていたジム・クロウ法のこのような二重構造があったのだが、これからこの運動の展開を追うにつれ、わたしたちは黒人を差別するジム・クロウ法がいかに深く社会生活に浸透し、また残忍なものであったかを発見し、さらに公民権運動活動家たちを奮い立たせた動機を本当に理解することになるだろう。

さまざまな出来事に関しては、事実の外側を概説するのではなく、可能な限りインタヴューや記憶から、そこに直接関わった人たちの生の声に耳を傾けたいと思う。重要な出来事に対するわたしたちのイメージは、それらを扱ったハリウッド映画にしばしば影響を受けたりするので、『ミシシッピー・バーニング』（一九八八）や『ロング・ウォーク・ホーム』（一九九〇）のような映画が出来事を正確に描いているかどうか、検証することも大切である。

公民権運動は人間の物語である。そしてわたしたち自身の物語なのである。

用語について

日本語の翻訳ではあまり問題にならないが、英語でアフリカ系の先祖を持つアメリカ人を指す言葉は微妙なニュアンスを含むことに注意していただきたい。

十九世紀から二十世紀の変わり目には、「ニグロ（Negro）」という言葉は良い印象を持つ言葉であった。一方、白人が使う「ニグラ（nigra）」、特に「ニガー（nigger）」という言葉は究極の侮辱であると考えられていた。そのような言葉に言及するときには、実際にその言葉を使わずに、「例のｎワード」と言っていた。「ニガー」という言葉は、今日においても、受け入れがたいものであることは言うまでもない。

わたしが一九五〇年代に南部で育ったときは、「ブラック（Black）」は侮辱的であり、「ニグロ（Negro）」「カラード・ピープル（colored people）」という言い方が好ましいと教えられた。公民権運動の広がりとともに、一九六〇年代のごく短い期間、「アフロ・アメリカン（Afro-American）」という言い方がはやったが、いつの間にか消え、「ブラック」のほうが好まれるようになった。最近では、その言い方よりも、「アフリカ系アメリカ人（African American）」のほうが適切な用語になってきている。本書では、「アフリカ系アメリカ人」と「黒人」を主に使うこととする。

第一章　訴訟の始まり

リンダを阻む「分離はすれども平等」という原則

八歳のリンダ・ブラウンは、自分の家からほんの五ブロック先のサムナー小学校の前を毎朝バスで通り過ぎ、二十一ブロック（約八キロ）離れた小学校に通っていた。父親は彼女をサムナー小学校の四年生に編入学させようとしたが、カンザス州トピーカの教育委員会の答えは「ノー」の一言だった。リンダ・ブラウンはサムナー小学校にはふさわしくない肌の色をしていたからだ。一九五一年当時、そこは白人の子どもだけしか受け入れない小学校だった。

その年、リンダの父親、黒人の溶接工オリヴァー・ブラウンと数人の原告団は、肌の色を根拠に入学を拒否することは合衆国憲法、特に市民権を定義した修正条項第十四条に違反すると主張し、訴訟を起こした。このとき争点となったのは、人種分離教育をする公立学校が、「教育の平等に対する保障」を侵害しているかどうかにすぎなかった。しかしこの裁判の結果がアメリカを劇的に変えていくことになる。

リンダ・ブラウンがなぜサムナー小学校に通えなかったのかを本当に理解するためには、彼女が生まれる約一世紀前に始まったある制度と、それに対するホーマー・A・プレッシーの挑戦を知っておく必要があるだろう。

南北戦争後のいわゆる南部諸州の再建期（一八六五―七七）に、合衆国議会は新たに解放された奴隷に関して、三つの合衆国憲法修正条項を追加した。まず、修正条項第十三条で合衆国内の奴隷制度を廃止した。次に第十四条では、合衆国で生まれた、あるいは帰化したすべての者に市民権を与え、「法による平等な保護」を保障した。そして最後に、第十五条が（女性は除外されたものの）アフリカ系アメリカ人にも投票権を保障したのである。

しかし大きな成果も出せずに南部諸州の再建が終わったころ、これらの新しく黒人に与えられた権利に対する反動が少しずつ芽を吹き始めていた。最初は、白人人種差別主義者の社会に対する見方、つまり、黒人は白人に従属すべきであり、彼らが社会的にも法的にも平等を要求するとはもってのほかであるという白人の要求を補強する程度のものにすぎなかった。しかし、一八八〇年代までには、ルイジアナをはじめとする南部諸州が、このような差別的な見方を正式な法や規則のなかに書き入れ始めて、州法や地方自治体の条例のなかには、合衆国連邦法を本質的に無効にするものも出始めていた。南部の州が法として定めた社会的慣習のなかには、公共の交通機関における白人と黒人の座席分離もあった。

奴隷制度があった時代、「自由民」は「奴隷」よりも優れていると白人が主張することは簡単であり、論理的にもわかりやすかった。しかしひとたび奴隷が解放され、社会的な階層が崩れ始めると、白人は合衆国憲法と修正条項に書かれていることを無視し、すべての白人はすべての黒人よりも優れているのだと主張して、自分たちの優位な立場を取り戻そうとしたのである。ここで問題となるのが、強制的であるにせよ、そうでないにせよ、白人男性が黒人の女性と関係を持ったために生まれた混血の人々が相当数いたことである。そのなかには肌の色がそれほど黒くはなく、白人として通用する人もいた。そのような一人が、ニューオーリンズのクレオール社会のエリート、白い肌のホーマー・A・プレッシーであった。

一八九〇年、ルイジアナ州は鉄道車両における白人と黒人の分離法を制定し、鉄道会社に「平等ではあるが分離（equal but separate）」という原則に基づく白人専用車両と非白人専用車両を作ることを求めた。この法により、乗客は「自分が属さない人種専用の車両や個室」に入ることが禁じられ、違反した者を車掌が追い出すことができるようになったのである。権利の平等を求めるアフリカ系アメリカ人の小さな団体、「市民委員会」のメンバーは、一八九〇年のこの州法や他の人種差別法が憲法修正条項第十四条、ならびに合衆国憲法に違反するとして異議を唱えていくことに決定した。市民委員会は、この法律に対する最初の大きな挑戦の先頭にプレッシーを立てたのである。

プレッシーは八分の七が白人の血、八分の一が黒人の血であったため、誰が見てもアフリカ系の祖先がいるようには見えなかった。しかし一八九二年六月、彼がルイジアナ州南部で列車に乗り、迷うことなく白人専用の客車の座席にすわったときに問題となったのは、この八分の一のアフリカ系アメリカ人の血であった。この血のためにプレッシーは逮捕され、市民委員会に支援された弁護士のチームはこの事件を最高裁にまで持ち込んだのである。このときプレッシーが抗議したのは、彼が黒人専用車両に乗せられたことだけではなかった。鉄道会社が彼を黒人とみなしたことにも、彼は抗議したのである。ある意味で、彼の訴訟は人種による区分を定めている法制度そのもの、言い換えれば、それまで水面下に存在していたジム・クロウ法のさまざまな規制を実現できる世界を維持していくために絶対不可欠であった人種分離の法体系そのものに抗議していたのである。

しかしプレッシーの果敢な挑戦は、彼自身、また彼を支援したアフリカ系アメリカ人の活動家たちが望んでいたものとはかけ離れた結果に終わった。

一八九六年のこの「プレッシー対ファーガソン」裁判における判決で、最高裁が主張したのは、修正条項第十四条は具体的にどのような権利を保障しているかに関して明確に示していないため、政府が異なる人種の市民を強制的に統合することはできないということだった。だがこの判決が、以後多大な影響を及ぼすことになる新しい法的原則を確立することになった。それが「分離はすれども平等（separate but equal）」という概念である。ヘンリー・ブラウン裁判官は判決文のなかで、多数意見として、二種類の人種の強制的な分離によって、アフリカ系アメリカ人が白人よりも劣るという刻印が押されてしまう唯一の理由は、「もっぱら有色人種が好んでそのような構造を選んでいるからにすぎない」と書いている。言い換えるなら、合衆国の最高裁は、各州が鉄道車両や公立学校を含む公共施設において、人種による分離を行っても違法ではないと決定したことになる。とするなら問題は、現実にすべてが分離されるにしても、黒人用の施設が白人用の施設と決して「平等」ではないという一点になってくる。

実際問題として、この最高裁の判決は南北戦争の結果を、また南部の再建期に拡張されたアフリカ系アメリカ人の法的な権利を、さらには合衆国憲法修正条項第十四条の精神を、その根本からくつがえすものに他ならなかった。要するにこの判決は、ジム・クロウ法や社会的な慣習を支持し、アメリカ政府が人種による分離、人種差別、白人優位を公に認めることによりさらにアフリカ系アメリカ人を二流の市民におとしめ、彼らに白人と同じ機会を保障しない状況を作ったことになる。学校について言えば、黒人用と白人用の学校を分離することが正当化され、白人用の学校には、黒人用の学校の何倍もの予算が与えられることになった。その結果、黒人の小学校の設備や教員の質は低くなり、黒人の子どもたちは高等教育を受ける機会がまったくなってしまったのである。

ジム・クロウ法と呼ばれようが、「分離はすれども平等」の根拠として語られようが、一八九六年の最高裁の判決は、次に続く六十年間、特に南部では実際に効力を持つ原則となった。後の章でわたしたちも少しずつ検証するように、この判決は幅広い波紋を投げかけることになるのだが、今ここで注意すべきは、この判決が、良い設備の整った近くの小学校を通り過ぎ、遠く離れた黒人専用の小学校にリンダ・ブラウンが通わなければならない根拠になったことである――そして彼女が住んでいたのは、南部ですらないアメリカ中部のカンザス州であったということだ。

ブラウン対教育委員会裁判

最終的には最高裁で審理されたこの訴訟は「ブラウン対教育委員会」裁判と呼ばれるようになったが、カンザス以外のいくつかの州でも、人種分離を実行する小学校をめぐり六件の訴訟が起きていた。六件の裁判ではそれぞれ異なった弁護団が弁護をしていたが、その弁護方法もそれぞれバラバラだった。

実際にこれらの裁判全体の原点になっていたのは、白人の優位性を暴力的に強いていることで有名であり、また深南部諸州のなかでも、もっとも古い州の一つであるサウスカロライナ州クラレンドン郡の黒人の親たちによって起こされた「ブリッグズ対エリオット」裁判であった。

この郡の黒人の親は、自分たちの子どものことを思い、黒人専用の学校のためにも通学バスが必要であるという訴えを、白人だけで構成されている教育委員会にぶつけるという、単純だがかなり危険な賭けに出たのである。白人の子ども用のバスは何台かあったが、白人よりもたくさんいた黒人の子どもには、バスは一台もなかったのである。この訴訟を起こした黒人の親たちは、南部の州の黒人の親なら誰もがそうであったように、地元の教育委員会が黒人の子どもよりも白人の子どもにより多くの経費を費やしていることを知っていた。一九四九年から五〇年にかけての年度で、クラレンドン郡の六五三一人の黒人生徒に充てられた経費は一九万六五七五ドルであった。一方で、二三七五人しかいない白人生徒に対する年間経費は六七万三八五〇ドルであった。単純に計算すると、黒人の生徒一人あたり約三〇ドルに対し、白人生徒は一人あたり約二八四ドルということになる。それに加え、平均的な白人教師の収入は平均的な黒人教師より六十五パーセントも多かった。もちろんこれらの経費はすべて、黒人と白人が同じように払う税金から出ているものである。「子どもたちのためにバスを」という黒人の親の願いに対し、教育委員会委員長R・W・エリオットは「お前たちニガーの子どものためにバスを買うような金などない」と、見下すように答えた。

訴訟での激しいやり取りは、ふつう法廷のなかだけで行われると思うかもしれないが、ジム・クロウ法が浸透している南部では、裁判という制度にのっとっていても、黒人が白人に異議を唱えれば、その原告は身の危険にさらされることになった。ハリー・ブリッグズとライザ夫妻は、五人の子どものための訴訟で原告団に加わったが、このような裁判に関われば、なんらかの報復を受けるだろうと覚悟していた。そしてそのとおりになった。その年のクリスマスの前日、ハリーは十四年間働いていた地元のガソリンスタンドを突然、クビになった。退職手当として彼が受け取ったのは、タバコ一箱である。それでも彼らが訴訟を推し進めると、今度は妻のライザが地元のモーテル客室係のメイドの仕事を失った。原告団の別の一人は借りていた農地を失い、また別の一人はどうしても必要だった農具を購入するために銀行をかけめぐり融資を申し入れたが、すべて断られた。明らかなことは、黒人が訴訟を起こすには、勇気と逆境をはねのけるエネルギーと、経済的な蓄えが必要であるということだった。

NAACP（全米黒人向上協会）に支援された原告団の代表は、NAACPの特別顧問サーグッド・マーシャルが務めた。マーシャルは教員であった母親とウェイターをしていた父親の間に生まれ、南部のすぐ外側のメリーランド州ボルティモアの住み心地の良い家で育ったが、その町ですら人種分離が行われており、人種差別への強い嫌悪は父親から受け継いでいた。彼は高校時代、それほど目立っていたわけではなかったが、在学中に批判精神とその実践法を身につけた。彼を教えた教員の一人は、彼が校則を破るたびに罰として合衆国憲法を読ませていたので、彼が卒業するまでには憲法をすっかり暗記してしまったのだという。

大学と法科大学院を卒業後、マーシャルはNAACPで働き始め、南部の小さな町の法廷を舞台に、初期の公民権に関する訴訟で弁論活動をしていたが、人々は彼を「マーシャル先生」ではなく、親しみを込めてファースト・ネームで呼んでいた。

ジム・クロウ法による人種分離の力は強かったが、一九四〇年代にはその差別にも少し変化の兆しが見え始めた。一九四七年、ジャッキー・ロビンソンは大リーグで初の黒人野球選手になった。一九四八年には、トルーマン大統領が議会の承認を経ずに、アメリカ軍内における差別を禁止する大統領命令に署名した。人種分離主義、人種差別、リンチはいまだ根深く残っていたが、人種に関する昔ながらの型にはまった見方は、ゆっくりとではあるが変わりつつあった。

変わり始めていたのは世の中の動きだけではなかった。一九五〇年までに、最高裁はプレッシー対ファーガソン裁判以来六十年続いてきた人種分離主義の基本からすでにズレを見せ始めていた。いくつもの州が法科大学院や医学部を白人専用とし、「分離はすれども平等」という原則を破り、黒人を完全に排斥していたので、ＮＡＡＣＰが支援する訴訟では、特に専門職を養成する学校に狙いが定められていた。そこに焦点を定めたもう一つの理由は、このような学校に通う人がごく少数であったため、精神的な負担が少なくてすんだからである。また黒人専用の小学校のどのような点が白人専用の小学校に劣っているかを示し、そのことで「分離はすれども平等」の原則に対し正面から挑むよりも、能力のあるアフリカ系アメリカ人が公共の教育施設からしめ出されていることを示すほうがより簡単だったからである。

たとえば一九三六年、最高裁はドナルド・マリーという黒人学生のメリーランド大学法科大学院への入学を許可すべきであるという判決を出している。その理由は、彼には十分な資格があり、もし彼が自分の生まれた州の法科大学院への入学を拒否されるなら、彼が弁護士を開業しようとしているその州の裁判所のことを学ぶ機会を奪われることになるからであった。マリーに対する判決が注目に値するのは、これが人種分離政策に基づく教育に対する抗議運動の最初の勝利であり、やがてＮＡＡＣＰの特別顧問としてチャールズ・ハミルトン・ヒューストンの後継者となる若きサーグッド・マーシャルが手がけた最初の大きな裁判であったからだ（マーシャルは最高裁の裁判官となった最初のアフリカ系アメリカ人であり、一九六七年から九一年までその職を務めた）。

小さな一歩と南部の抵抗

原告弁護団によって提出された証拠のなかには、先駆的な黒人の心理学者、ケネス・クラークとメイミー夫妻による調査もあり、質の悪い黒人専用の小学校の子どもは自分に対して否定的なイメージを持ち、そのため一般的に学業成績が振るわないという結果を示していた。また原告側は、スウェーデンの経済学者であり、社会学者でもあるグンナー・ミュルダールの研究、アフリカ系アメリカ人が受けた抑圧はどのような範囲にまで及ぶかを詳細なリストにした『アメリカのジレンマ』（一九四四）のなかで明らかにされた社会科学的な議論を整理して提示した。彼らは社会科学的な調査結果をうまく使い、人種分離政策に対して激しい批判を加え、分離は初等教育のかなり早い段階で長く消えることのない心理的外傷を必然的に引き起こし、教育分野におけるこのような分離政策の実際の目的は、人種差別による黒人の従属性を永続化することに他ならないと述べた。

オリヴァー・ブラウンは、娘は毎朝七時四十分に家を出て、鉄道の駅構内を突っ切り、小学校まで彼女を乗せていくバスを待たねばならないと証言した。彼は、娘が通っている遠くにある黒人専用の小学校は、白人専用の小学校ほど設備が整っておらず魅力的ではないことを強調した。彼に教育委員会を相手取って告訴させたのは、距離の問題だけではなく、白人専用の小学校と黒人専用の小学校の格差であった、とロバート・J・コトロールらは『ブラウン対教育委員会裁判　階級制度、文化、憲法』(二〇〇三)のなかでその問題点を指摘している。

「ブラウン対教育委員会」裁判と呼ばれるようになったこの訴訟は最高裁まで持ち込まれ、最終弁論の後、一九五三年十二月八日、審理が開始された。

九人の最高裁裁判官のうち四人が南部出身であったが、彼らにとってこの審理はこの国全体の子どもたちの問題を扱うため、神経質にならざるを得なかった。不適切な判決を出せば、たちまち全国から、あるいはある地域からの激しい抗議を招くことになるだろうが、それはアメリカ中の裁判所が避けたいと願っていたことだ。さらに考えておかなければならない問題があった。もし最高裁が学校における人種統合を支持する判決を下した場合、最高裁は人種統合を命じるべきなのか、あるいはゆっくりとした移行期間を設けるべきなのか。もし人種分離政策が憲法違反であるとする判決を下した場合、早急な法的救済策を講じないわけにはいかなくなるだろう。

かなり早い段階で最高裁の裁判官の多数はブラウンを支持し、人種分離教育には反対であることが明らかになったが、新しい最高裁判所長官であるアール・ウォーレンと裁判官フェリクス・フランクファーターは、これが正しい判決であるとアメリカの一般国民が納得できるように全員一致の判決を強く求めた。そこで最高裁は全員一致の判決を可能にするために、判決を二分割することにした。一つは「権利」の側面、もう一つは「救済策」、つまりその「権利」をいかに保障するかという側面である。このように判決を二分割することにより、最高裁長官は、彼が求めていた「権利」の部分に関して全員一致の判決を得ることができたのである。

一九五四年五月十七日、最高裁長官アール・ウォーレンはこの裁判に関して全員一致の判決を読み上げた。

公立学校における、人種のみを基盤とした児童の人種分離政策は、具体的な施設や「目に見える明白な」諸要素が平等であると考えられるにしても、少数派グループの子どもたちから平等な教育の機会を奪うことにはならないであろうか。われわれはその機会を奪うことになると考える……人種のみを理由に、少数派の子どもたちを同じ年齢の同じ資格を持つ他の子どもたちから分離することは、社会における子どもたちの立場に関する劣等感を生み出し、それは子どもたちの感情と知性に修復不可能なほどに深い傷を残す可能性がある……われわれは公共の教育機関において「分離はすれども平等」という原則には根拠がないと結論を下す。人種分離政策に基づく教育施設は根本的に不平等である。(傍点は筆者による強調)

NAACPから見れば、最高裁のこの判決は教育現場に限定されていた点で不満を残すものだったが、たとえば公共の公園、公共のゴルフコース、公共の交通機関などの領域においても社会的、心理的にすぐに大きな影響を与え始めた。

しかし全員一致の判決も、学校における人種分離政策が違憲であると「判決を下した」にすぎなかった。この判決は学校における人種分離という長く存続した制度をどのように解体するかという一番重大な現実問題を扱っているわけではなかった。この問題は一九五五年五月三十一日に下されたもう一つの判決、一般的には「ブラウンⅡ」と呼ばれることになる判決に委ねられた。その判決で最高裁は、「十分慎重に、かつ速やかに」人種統合を実施するように、地方裁判所に命じている。これに従って意図的にあいまいな計画が作られ、一八七〇年以来ずっと存在し、南部の白人たちが慣れ親しんできた慣習に求められた劇的変化は骨抜きにされ、ゆっくりと順応できる状況を作り出す結果となったのである。裁判所の期待どおりであった。

ブラウン対教育委員会裁判におけるこの二つの判決にはいくつもの妥協点があったものの、

アフリカ系アメリカ人にとって、これらは長く待ち望んだものであり、これがまた別の人種差別に問題を投げかけるきっかけとなった。結果として最高裁判所は、彼らが教育現場以外の領域における差別に抗議するときに使える大きな前例を提供したことになる。アメリカ合衆国の最高裁判所が、アフリカ系アメリカ人の主張の正当性を認めたことは、彼らにとってとてつもない大きな励みとなった。

しかし白人至上主義者たちは自分たちの世界がひっくり返されたと感じ、怒りをつのらせていった。一九五六年三月には九十六人の上院議員と下院議員が、署名つきの「南部宣言」を「議会議事録」につけ加え、「合衆国憲法に反するブラウン裁判の判決を破棄させ、またその判決の強制執行を阻止するために、あらゆる合法的手段を使う」という誓いを立てて宣言を締めくくっている。

ブラウン対教育委員会裁判の判決は、それだけでただちに効力を持つものではなかった。ウォーレン長官が下した判決を、中身のない空疎な司法判断以上のものにするためには、勇気を見せた子どもたちと同じように、大人たちの勇気ある行動が必要であった。しかしこの判決が、アフリカ系アメリカ人が権利を求める際の法的な基盤になったことは事実である。公民権運動の始まりがふつう一九五四年とされているのはこのためである。

第二章　高なる心

ティル少年の一夏の南部体験

十四歳のエメット・ティルは、シカゴで母親と二人で暮らしていた。一九五五年八月、彼は二週間の夏休みを利用して、ミシシッピ州のデルタ地域に住む親戚の家で過ごそうと計画していた。そして彼がミシシッピで過ごしたときに起きた事件が、それ以後に続く大きな公民権運動全体の発火点となる。

エメット・ティルの母親、メイミーはミシシッピ生まれだったが、かつて南部の黒人たちが北部へ移住したいわゆる「大移動（the Great Migration）」で、他の多くの黒人とともに北部へやって来た。ティル少年がいとこと一緒に、彼にとっては二度目になる南部の親戚の家への旅を準備しているとき、メイミーは田舎のミシシッピと都会のシカゴではいろいろな習慣がまったく違うから、いつでも行儀よく振る舞わなければいけないと強く言って聞かせた。また白人に何か言われたら、男性には「サー（sir）」、女性には「マーム（ma'am）」をつけて答えなければいけないこと、歩道を歩いていて白人の女性がむこうからやって来たら、歩道から下りて道を譲り、目を伏せて、その女性を見てはいけないと注意した。「その女の人が通り過ぎるまで待つのよ。それから歩道に戻って、絶対に振り返っちゃダメ」しかし彼にはそんな話が信じられないようだったと、彼女は後に『無垢な心の死』（二〇〇三）のなかで書いている。「そんなひどいわけないよ」彼はそう言ったが、メイミーは「実際にはもっとひどいのよ」と答えた。

このようなたくさんの忠告を受けて、ティル少年と彼のいとこはミシシッピ州のマニーに向かった。全般的に貧しいミシシッピ州のデルタ地域でももっとも貧しい村の一つであるマニーで、二人は村から三マイル離れたところに住んでいたいとこの大叔父、小作人で牧師でもあった老人、モーゼズ・ライトと大叔母リジィ・ライトの家に泊まった。

その当時、マニーはロイ・ブライアントとキャロリンという貧しい白人夫婦が経営している小さな食肉雑貨店があるだけのさびれた村だった。特に目立った人種分離の標識、たとえば「白人専用」とか「黒人専用」と書かれた水飲み場があるわけではなかった。そもそも水飲み場がなかったのだ。歩道もなかったので、道を譲って白人の歩行者を先に行かせる必要もなかった。つまりジム・クロウ法をはっきりと思い起こさせるものがまったくなかったのだ。しかし、危険は隠れたところに、もっと陰険な形で潜んでいた。

八月二十四日、二人がマニーに着いて数日後のことだった。エメット・ティルとミシシッピの彼のいとこたち、また彼らの友人らがブライアントの店の前にいたときに、仲間の一人がティル少年に白人の女の扱いに慣れていると言うなら、その証拠を見せてくれと、たぶんそんなやり取りが交わされていた。どうやら彼は、シカゴには「白人のガールフレンド」がいるんだとミシシッピのいとこたちに言いふらし、財布にしまってあった彼女の写真をみせびらかしていたらしい。誰かがそんな「大口」をたたくなら、店に入って行って、一人で店番をしているキャロリン・ブライアントに「デート」を申し込んでみろよとけしかけたのだ。仲間の誰一人、彼が本当にそんなことを実行に移すとは予想もしていなかった。

しかしティル少年は一人で店に入って行った。そのとき他に客はいなかったので、そこで何が起こったのか、正確にはわかっていないが、ジェイムズ・C・コブの『世界で一番深い南部』(一九九二)やファン・ウィリアムズの『アイズ・オン・ザ・プライズ　アメリカ公民権運動一九五四―一九六五』(一九八七)によれば、事件のあらましはおおよそ次のようになる。

ブライアント夫人が何かお菓子の代金を受け取ろうとして手を差し出したときに、ティルがその手首をつかみ、「デートしない？　ベイビー」と言ったらしい。彼女は手を振り払い、義理の姉妹のいた店の裏の住居へ向かって歩いて行ったと後に主張している。が、法廷では、腰に手を回され、「怖がらなくてもいいんだぜ、ベイビー。前にも白人の女とは経験があるんだ」と言われたと証言している。予想外の行動に出たティルがどうするのか、友人たちは店の外から、窓ごしにかたずをのんで見つめていた。そしてティルがブライアント夫人の腕をつかもうとしたとき、彼のいとこの一人が「走って中に入り、ティルを捕まえた」。後にそのいとこがジャーナリストに語ったところによれば、「奴は別に危害を加えるつもりはなかったし、大体自分がどこにいるのかわかっていなかった」ようだ。彼はティルを店の外に引きずり出した。みんなで立ち去ろうとしたとき、キャロリン・ブライアントが店の外に走り出て来て、義理の姉妹の車から拳銃を取り出そうとした。ティルは仲間たちと一緒に乗り込んだ車でその場を去るときに、彼女に向けて「口笛」を吹き鳴らしたという。

究極のタブー

ティル少年はただ単にいとこたちを楽しませてやろうと、ちょっと「いきがって見せた」にすぎないのだが、自分のやったことが南部ではどんなに衝撃的なことであったか、まったくわかっていなかった。その衝撃を理解するには、過去を振り返る必要があるだろう。

奴隷制とともに始まり、南部にジム・クロウ法が浸透していた時代にも根強く残っていた社会的な行動に関する多くの「不文律」のなかには、人種を超えて性的な関係を持つことに対する強いタブーがあった。これはすべての黒人・白人間の関係が禁じられているものではなく、白人の男性が――相手の意思を無視して無理強いしたものである場合でも、そうでない場合でも――黒人の女性と関係を持っても罰せられることはないという暗黙の了解があった。しかし、黒人の男性の場合、白人の女性をじっと見つめることすら絶対に許されなかった。

さらに歩道でうっかり白人の女性と触れ合うような距離ですれ違ったり、白人の女性に気軽に話しかけたり、白人の女性に丁寧な言葉を使わなかったり、あるいはたとえそう見えただけであったとしても、白人女性に少しでも興味を示した黒人男性は誰であれ、命の保証はなかった。したがって注意深い南部の黒人男性は、少しでもこのような誤解を招く機会を減らすように、むしろ白人女性と出会うことを避け、通りでもわざわざ反対側に渡り、白人女性に話しかけられても地面を見つめることにしていたのだ。

ジム・クロウ法のなかで、特に白人女性に関する違反はどんなものであれ、すぐに集団リンチを招くことになった。

リンチは南部で始まったわけでもなく、また南部に特有のものでもなかったが、ジム・クロウ法は南部の再建直後にできた新しい法だったため、その規則が成文化されていようが、立ち振る舞いに関する不文律の規準だろうが、とにかくなにがなんでもそれに強制的に従わせるために、リンチは超法規的な究極の手段となった。いかなるものであれ、ジム・クロウ法に定められた行動規範に違反すれば災難を招くことになり、十九世紀の最後の二十年は、その間だけでも三千人を超す黒人がリンチで殺されたと言われている最悪の期間であった。現在となっては記録に残っていないリンチがどのくらいあったか、知るよしもない。リンチ事件は、サウスカロライナ州から西はテキサス州までの一帯、深南部の諸州ではごく当たり前の出来事であったが、そのなかでももっとも数が多いのがミシシッピ州であった。

リンチをしようと思えば、たとえば、アフリカ系アメリカ人の小作農が白人の地主とその年の出来高の「決算」をめぐる話し合いからでも、ちょっとした黒人の反抗的な態度からでも、黒人の経済的な成功からでも、あるいはもっと広く言えば、白人の憎しみ、嫉妬、そして恐怖など、どんなことでもその原因にすることができた。リンチを見るための特別列車や写真屋まででそろった「見世物としてのリンチ」や「リンチ・カーニヴァル」など、参加者が自分たちの身元を隠そうともせず、白昼堂々とリンチを楽しむ例がいくらもあった。その一方で、もっとも一般的であったのは、身元を隠し、闇に乗じて行われるリンチであった。「一線を越えた」と判断されたり、「立場をわきまえていない」とみなされたとしても、迫り来る危険を察知してすぐに逃亡できれば運がいいほうだった。しかし、男でも女でも、アフリカ系アメリカ人がひとたび捕まれば、待っているのは、手足の切断、拷問、射撃の的、縛り首、さらには火をつけるといった残忍な行為を好き放題に組み合わせた仕打ちであった。

リンチがなぜここまで残酷なものになるのか、心理的に正確に分析することは難しいだろうし、どうしてそのような非人間的な行動を正当化できるのか説明することもできないだろう。しかし、その目的を思い描くことは簡単だ。リンチを行う者たちの目的は、ジム・クロウ法を破ったある特定の個人を罰することではなく、許容できる行動規範を超えればどうなるかということを他のアフリカ系アメリカ人に伝えることなのである。白人が与えるこの死の恐怖が、若いアフリカ系アメリカ人の青年にどんな衝撃を及ぼすかは、黒人の作家リチャード・ライトが『ブラック・ボーイ』(一九四五)のなかで簡潔に表現している。「話で聞いたことはあっても、まだ見たことのない白人の残忍性は、僕が意識している以上に僕の行動を巧妙に支配していた。実際の体験があれば、現実に何が起こるのか、リアルに思い描くことができるだろう。しかしそれが何か恐ろしいものではあるが、遠く離れたものであり、その恐怖と流血がいつ何時自分に襲いかかって来るかわからないものである以上、それをつい想像せざるを得なくなるのであった……」

しかし黒人がリンチにあっても、ほとんどの場合、司法当局はその死を「犯人不明」として記録し、誰が関与していたのかを真面目に捜査することなどなかった。しかも、その司法当局がリンチに加わっている可能性のある事件すらあった。たとえ黒人をリンチにした者たちが逮捕され、その罪を告発されたとしても、ほとんどすべての裁判で被告は無罪放免になっている。理由は簡単だ。陪審員は全員、地元の白人男性で構成されており、黒人や女性は一人もいなかったからだ。そして陪審員は誰一人、公に黒人を弁護することなどなかったし、白人を有罪にすることもなかったのである。陪審員による審理が行われたにしても、陪審員はほんの数分で、被告人は無罪という結論に達してしまうのであった。現実問題として、アフリカ系アメリカ人がこのような不正に満ちた法の執行、陪審員、判決からみずからの身を守るすべはまったくなかった。

要するに、たった一回のリンチであったにしても、その土地のアフリカ系アメリカ人の社会にもたらす恐怖と不安はどんなに誇張してもしすぎることはないのだ。リンチはいつでも、黒人社会のメンバーの誰にでも起こり得るのだという恐怖をかき立てることで、白人はやすやすと黒人にジム・クロウ法の細かなしきたりを守らせ、彼らを力ずくで従属させることができたのである。

白人の復讐

もう一度、八月のあの運命の水曜日の夕方、ブライアントの食肉雑貨店でエメット・ティルに何が起こったかという地点に戻ろう。

まず全体像を把握できるように、次の点を明確にしておきたい。エメット・ティルは十四歳であったが、百六十ポンド（約七十二キロ）もあり、すでに大人の体格をしていた。彼はまだ少年であったが、南部で起こったことを考えれば、キャロリンが恐怖を感じたとしても不思議ではなかった。彼が何を言ったのか、何をしたのか、正確に知ることはできないが、彼と同じ年ごろのミシシッピの黒人男子がそれまでにしたこともないような大胆な行動に出たことは確かだろう。繰り返しになるが、彼はたぶん自分のやっていることがどれほど危険であるか、気がついていなかったのだ。

ティル少年と彼のいとこたちが車で去ったあと、少なくともそのなかの一人がティルに、やっかいな問題を起こしてしまったから、すぐにミシシッピを離れるべきだと忠告した。また別のいとこは、これ以後ブライアントの店に近づかなければ大丈夫だろうと考えていた。ティル少年の大叔母リジィ・ライトも、その日、店で起こったことの重大さに十分気づいていたわけではなかった。もし気づいていれば、ティルをすぐにでもシカゴに追い返していただろうと、後に語っている。

事件が起きたとき、ロイ・ブライアントはトラックでテキサスにいる彼の兄弟のところにエビを運んでいた。金曜日の朝早くに彼がマニーに戻ったとき、キャロリンは夫を動揺させたくなかったので事件のことを黙っていたが、その日の午後に、ロイは誰か他の人物から事件のことを聞いていた。

禁断の掟が破られたことを見過ごすべきではないし、できるだけ早く罰を加える必要があると考えたブライアントは、異母兄弟のJ・W・マイラムに協力してもらい、ティルに「鞭打ち」を加えることに決めた。後にブライアントが語ったところによると、彼は事件が起きてから二日後にその知らせを聞いたため、早くティルをきちんと処罰しないと、店の客の大多数を占める地元の黒人たちがそれまで彼に払っていた敬意をなくすのではないかと恐れたのだという。

八月二十八日、日曜日の午前二時、マイラムとブライアントはモーゼズ・ライトの家を訪れ、ライト老人に「マニーででかい口をきいたあの小僧」を出せと迫った。二人がティルを起こしたとき、彼はとても落ち着いていたが、ミシシッピで夜遅くに、白人の男たちがなぜ自分のところに来たのかわかっていない様子だった。

しかしライト夫婦にはその意味が十分わかっていた。老夫婦は二人の白人に金でなんとか解決してくれるように懇願したが、二人はその願いを無視し、ティルを表に連れ出したのだ。

「説教師のじいさんよ、俺たちのことは知ってるか?」とマイラムが訊《き》いた。

「知りません、だんな」ライトは、以前に彼らを見たことがなかったのでそう答えた。

それからマイラムが尋ねた、「いくつになる?」

「六十四です」

「そうか、明日になって俺たちのことを知っているなどと言おうもんなら、次の誕生日はないと思え」

二人の白人はトラックに乗り込み、荷台にティルを乗せ、ライトを消したまま走り去った。

モーゼズ・ライトは、すべての事件が終わったあとで、ティルは鞭打ちやちょっとした脅しを受け、シカゴへ帰れと言われる程度で戻されるだろうと思っていたと語っている。実際に、マイラムもこの時点で考えていたのはまさにその程度のことであったと証言している。二人はティル少年に鞭打ちを食らわせて、こわがらせ、北部へ送り返してやろうとしか考えていなかったのだ。

だが、この事件に関与したのが二人の白人だけだったのかどうかに関しては証言が分かれた。他にも白人か黒人で、一人もしくは二人、別の人物がティルを運び去るトラックの中で待っていたという証言もある。しかし二人の白人はミシシッピ川沿いのどこかの絶壁から川へ突き落とすぞとティルを脅かす計画で、適当な場所を探して七十マイルほどクネクネとした道を走り回った後、結局マイラムの所有する道具小屋でティル少年をなぐり始めたのだ。マイラムの証言によれば、ティルは二人の脅しにも、暴力にもひるまなかったという。

その三日後、近くのタラハッチ川で、重さ七十五ポンド（約三十四キロ）の綿繰り機のファンに有刺鉄線で首をくくりつけられたエメット・ティルの遺体が釣り人により発見された。二人の犯人は重たいファンをつけておけば、遺体は沈み、発見されることはないだろうと思ったのだ。

葬儀と判決

タラハッチ川から引き上げられた遺体は損傷が激しかった。頭には弾丸の痕があった。それはドリルであけられた穴だという者もいた。顔はもう誰だか判別できないほど膨れ上がっていた。頭蓋骨は一部陥没し、めった打ちにされた体は、数日間水中に放置されたため、醜く変形していた。事実その遺体の変わりようがあまりにひどかったため、モーゼズ・ライトはティル少年の遺体であることを、はめていた指輪からかろうじて確認したほどであった。その指輪は彼がシカゴを発つときにはめたもので、その指輪の平らな王冠の上にはＬＴというティル少年の父親ルイス・ティルのイニシャルが彫られていた。

遺体が発見されてすぐ、ブライアントとマイラムはティル少年誘拐の罪で告発された。

地方当局はすぐにも遺体をミシシッピで埋葬し、証拠を片づけたがったが、ティルの母親メイミーは遺体をシカゴに戻すように強く望んだ。遺体がシカゴに戻るや、彼女は二つの主張をした。まず、埋葬を四日間遅らせること。そして棺のふたを開けたままにしておくこと。さらに彼女は全世界に「彼らがわたしの坊やにしたこと」を見てもらいたいと訴えた。

エメット・ティル殺害事件の衝撃の大きさは、彼の葬儀が行われたロバーツ・テンプル・チャーチ・オブ・ゴッドに二千人の参列者が押し寄せ、さらに外には五千人が列をなして待っていたことからもわかるだろう。最後の埋葬までに、結局十万人以上の人々が彼の無惨な遺体の前に列を作り、通り過ぎたのだ。ティル少年の姿をその目で見たものは誰も、その体験から自分のなかの何かが変えられて、その場を去ったのである。

しかしこの衝撃はシカゴをはるかに越えて広がっていった。エメット・ティルのめった打ちにされ、半分つぶされた顔写真は『ジェット』誌や『エボニー』誌のような黒人向けの雑誌、さらには『シカゴ・ディフェンダー』紙のような新聞に、その記事とともに発表された。それは、多くの人々がジム・クロウ法の究極の残忍性とはじめて面と向かった瞬間であり、これ以前に起こった数知れぬ事件とは異なり、人々のなかに何か行動を起こさねばという気運をもたらしたのだ。

エメット・ティルは最終的に一九五五年九月六日に埋葬され、その同じ日に、大陪審はロイ・ブライアントとJ・W・マイラムをティル少年殺害で起訴し、この事件は次の局面に突入した。

近くの町、サムナーで開かれた裁判はたった五日間で終わった。ジム・クロウ法は、裁判所のなかにさえ明確に存在していた。裁判官席に近い前方の二十二の座席は白人の報道関係者のための席で、黒人の報道関係者は手すりのうしろの隅にすわらされ、椅子は四脚しかなかった。法廷の片隅に追いやられた黒人の報道関係者に裁判の内容が聞こえようが聞こえまいが、気にする者はいなかった。彼らが二流の扱いを受けていることを強調するかのように、毎朝、地元の保安官が黒人用テーブルの前を通り、黒人の報道陣の顔を確かめるようにして、「おはよう、ニガー」と声をかけていた。裁判所は常に白人居住区域にあり、アフリカ系アメリカ人は被告人になる以外法的な活動に関わることはなかったため、建物には「黒人用」のトイレも水飲み場もなかった。アフリカ系アメリカ人は——一般市民であろうが、報道陣であろうが、証人であろうが——通りのはずれにある黒人専用の食堂の設備を使わなければならなかった。

証言のなかで、ブライアントとマイラムはティル少年を真夜中に連れ出したことは認めたが、彼を殺害したことは否認した。驚くべきことに、地元の保安官は、川から引き上げられた遺体が実際にティル本人であるかどうか確信が持てないと証言し、続けてこの殺人はNAACPにより計画され、実行されたのではないかとさえほのめかしたのだ。

エメット・ティル殺害事件の裁判がそれ以前のこの種の裁判と大きく異なっていた点は、この裁判には地元以外の他の地域から大勢の報道陣、テレビ局の取材班がやって来たことであった。これは、ブラウン対教育委員会裁判の最高裁の判決が十五ヶ月ほど前に出たこととも関係しているだろう。この判決は二つのグループに強烈なインパクトを与えた。白人の人種差別主義者とアメリカのメディアである。まず白人の人種差別主義者たちは、最高裁が出す人種統合教育の指令をあらゆる合法的な手段で阻止しようと、白人市民会議を結成した。そして法的に許される範囲で新しい「人種差別政策」を作ろうと、守勢に回ったのである。また、アメリカのメディアは、最高裁が公民権運動を正当化して以来、アフリカ系アメリカ人に関わる事件であれば、このような辺鄙《へんぴ》なミシシッピの小さな町で行われている裁判でも、以前にもましてどんどん報道しようとしていた。そしてこのようなメディアのおかげで、エメット・ティルの名前と運命はアメリカのなかだけでなく、世界中に知られることになったのである。

裁判官は公判中の写真撮影を禁止していた。しかしこの裁判でもっとも劇的な瞬間は一枚の写真に撮られ、今日にいたるまで公民権運動の出発点として記憶されている。『シカゴ・ディフェンダー』紙の記者によって密かに撮られたその写真には、証言席に立ち、右腕をまっすぐに伸ばして、彼の家からティル少年を誘拐した人物としてマイラムとブライアントを指差しているモーゼズ・ライトの姿が写っている。容疑者を特定するというこの単純な行為により、彼はこれまでミシシッピの黒人が越えたことのない一線を踏み越えたのである。

モーゼズ・ライトは後にその瞬間のことを思い出し、ミシシッピの法廷で一人の黒人が無礼にも立ち上がり、黒人の子どもをさらったとして二人の白人を告発したときに、法廷にいた白人全員の怒りが頂点に達し、彼らの血が煮えたぎっているのを感じた、と語っている。

二人の白人を告発する証人になる。これはジム・クロウ法が浸透しているミシシッピでは非常に危険であったことは言うまでもない。モーゼズ・ライトの妻リジィは、すでにエメット・ティルの葬儀のためにシカゴに行っていたが、モーゼズは特にこの公判で証言をするために、マニー近くの自宅に残っていた。彼は自分が危険にさらされているとわかっていたので、ベッドの下にショットガンを忍ばせてはいたが、知恵を働かせて常に自宅にいることは避け、時には彼が説教をしていた教会の裏の人目のつかないところに車を止めて、その中で眠ったりしていた。そして恐れていたとおり、ある夜などは白人が運転する何台かの車とトラックが彼を探しにやって来た。また別の朝には、彼が自宅に戻ってみると、網戸のドアが切り裂かれ、家の中が荒らされ、ベッドはひっくり返されていた。どちらの場合でも、もし彼が家にいたら、おそらく生きて法廷の証言台に立つことはなかっただろう。しかしこのような危険があったにもかかわらず、彼は証言するためにミシシッピに残ったのだ。そして法廷に立って不屈の勇気を見せ、親族であるティル少年を誘拐した二人の白人を指差したのである。

ブライアントとマイラムは、ティル少年を連れ出したことは認めたが、そのあとで彼を解放し、マニーの店から三マイル離れた大叔父の家まで歩いて帰らせたと証言している。そしてエメット・ティルが早朝の薄暗闇の中で突然姿を消した理由について、二人は何も知らないと言った。

マニーの店で実際に何が起きたのかを証言できる唯一の人物、キャロリン・ブライアントは、「北部なまり」のあるこの黒人の「男」がどうやって店に入って来て、風船ガムを買ったのか

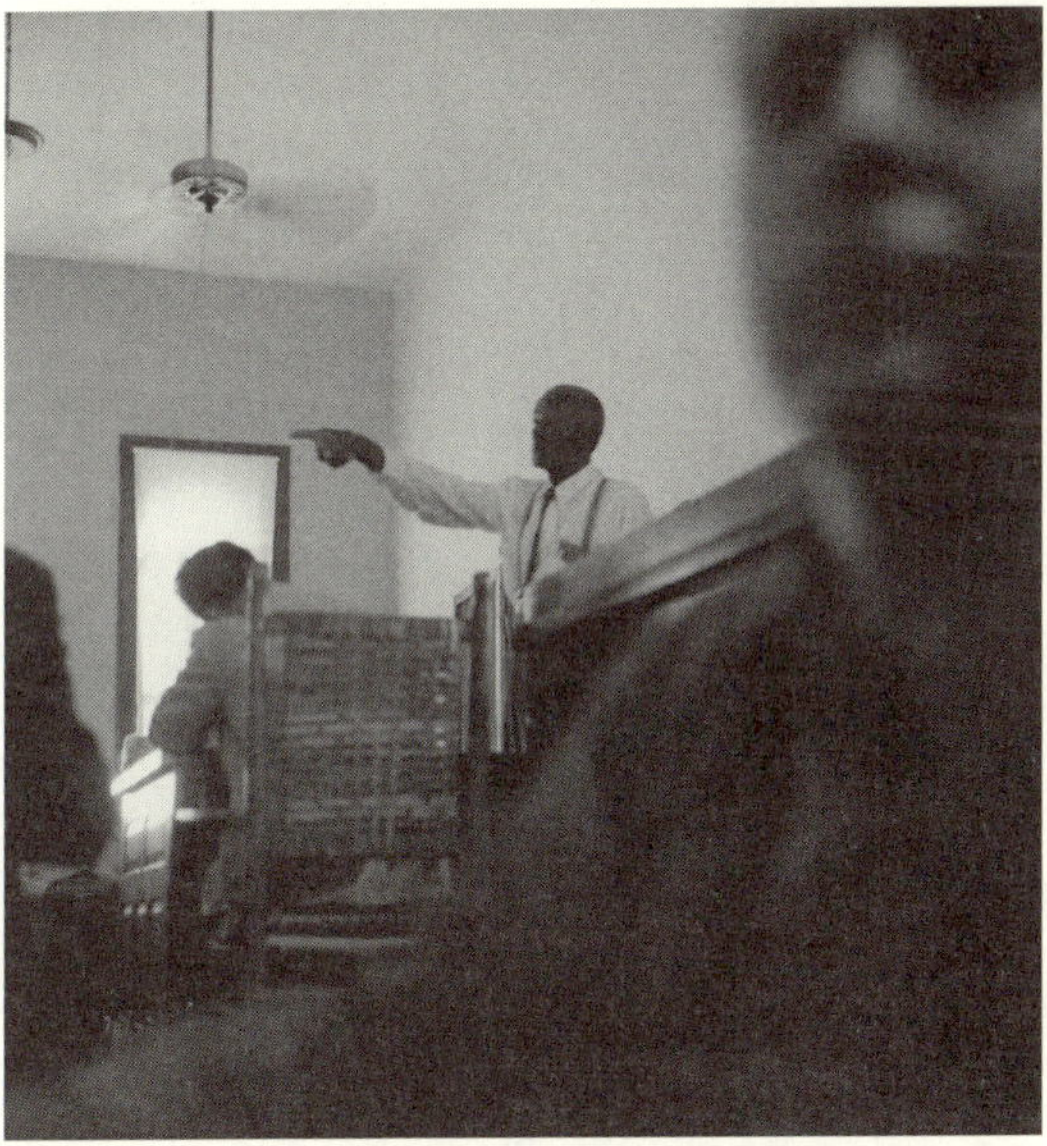

二人の白人を告発した瞬間のモーゼズ・ライト老人

を証言した。彼女が代金を受け取ろうとして手を差し出したとき、ティルが彼女の腕をつかみ、「デートしない？　ベイビー」と言ったのだと彼女は主張した。手を振りほどくと、今度は彼女の腰に手を回し、彼女の証言によれば、「どうしたんだよ、ベイビー、いいじゃないか。前にも白人の女とは経験があるんだぜ」と言ったという。現在では、彼女の証言が事実であったかどうか知るすべはないが、その法廷にいた大半の人々には、彼女の証言の衝撃とどのように腕をつかまれたかという具体的な説明だけで、彼女の夫とマイラムがティルに何をしたとしてもそれを正当化するのには十分な理由であると思えたようである。

判決は全員白人の陪審員により、一時間八分後に出された。彼らは時間をかけて結論を出したという印象を与えるために、ソーダ水を飲んで休憩を取り、時間を稼いだと言われている。そして出された判決は無罪であった。

陪審員は最終的に、州当局は遺体がエメット・ティルのものであることを証明できているわけではない、という結論を出した。

判決のあとで

判決が出た直後、マイラムとブライアントは葉巻に火をつけ、子どもたちと抱き合い、妻とキスをし、カメラに向かって表情を作っていた。全員白人の陪審員が嫌疑を晴らしてくれるだろうという彼らの自信は間違ってはいなかった。ミシシッピ中の白人が自分たちを支持していたように思えたのだろう、彼らもスポットライトを浴びて楽しんでいた。

地元の保安官に最初に逮捕されたときに、二人はティルを誘拐したことを認めていたにもかかわらず、一九五五年十一月八、九日に開かれたミシシッピ大陪審では、二人に対する起訴は却下され、誘拐の嫌疑さえ晴らされるのであった。大陪審によるこの不起訴処分はジム・クロウ法の法的な解釈を最大限に拡大した例であり、このような決定に社会全体が関わっていたことを明確に示している。

殺人と誘拐の嫌疑が晴れ、同一の犯罪で二重に訴追されるおそれのなくなった二人は、ウィリアム・ブラッドフォード・ヒューイ記者による独占インタヴューに四千ドルで応じ、その記事は翌年、一九五六年一月の『ルック』誌に掲載された。そのインタヴューのなかで、二人はティル少年の殺害を余すところなく語り、その行為はまったく正しかったと考えていると告白している。

公判中、マイラムとブライアントはティル少年に説教を食らわせてやるために夜中にベッドから引きずり出し、その後、歩いて家まで帰らせようとしただけだと証言していた。しかしヒユーイのインタヴューでは、話がまったく違っていた。マイラムの話では、八月二十八日、彼とブライアントはティルを脅そうとしたが、逆にティルは二人の誘拐犯をなじり、この二人にもシカゴにいる「白人のガールフレンド」のことを誇らしげに話したというのだ。そしてティルがそのガールフレンドだという娘の写真を取り出したとき、マイラムは彼に、「いいか、二度と太陽を拝めないようにしてやるぜ」と言ったという。

マイラムがやるべきことは一つしかなかった。

「俺に何ができたって言うんだ？　……奴は自分が白人と同じだと思ってたんだぜ……俺は別に乱暴な男じゃない。これまでだってニガーを傷つけたことはなかった。だがここで誰かが教えてやらなきゃならないと思ったんだ。J・W・マイラムがここにいる。で、この俺がこいつをなんとかすれば、ニガーだって自分たちの立場をわきまえるだろう。俺が生きているところじゃ、ニガーに投票なんかさせるもんか。もし投票でもすりゃ、奴ら、政府を乗っ取ることになるだろう。そうなりゃ、どこに立て、どこにすわれと、俺に指図してくる。だが、俺の子どもと一緒に学校に行かせるなんてことはまっぴらだ。それに、ニガーが白人の女と寝たなんてことを言おうもんなら、そいつは生きるのに飽きたってことだ……やるしかないだろ」それからマイラムはティルに、「俺や俺の仲間が何者なのか、みんなにわかるように」お前を見せしめにしてやろうと言ったのだ。

二人はティルを殺害し、遺体を重い綿繰り機のファンに有刺鉄線で縛りつけて、それをタラハッチ川に捨て去った。

二人はティルを殺害したことにより、自分たちが他の多くの白人を守り、他の黒人たちにも警告することができたのだと堂々と語っている。二人は自分たちが白人社会全体のために殺人を犯したのだと思い込んでいたし、またデルタ地域の白人社会全体も、実際のところ彼らの弁護に回っていたも同然であった。つまり、二人の行動は殺人ではなく、むしろひとつのリンチにすぎないとみなされていたのである。

モーゼズ・ライトはそれまでずっとミシシッピで暮らしてきたが、法廷で二人の白人を告発する証言をした以上、もし生き延びたいならば、すぐにもミシシッピを離れなければならないのは誰にでもわかることだった。その年、彼の綿花の出来は良く、約三十ベイル（一ベイルは約四百八十ポンド）にはなるだろうと予想されたが、その地にとどまり収穫をするどころの話ではなくなった。収穫の終わる十二月まで待てば、命の保証はなかった。彼はすぐに売ることができないものはすべて捨てて、シカゴに逃れた。妻のリジィも、ここ何週間か、彼にすぐに逃げるように懇願していた。

裁判のあとも、エメット・ティルが忘れられることはなかった。十万人以上の人々がふたを開けられた彼の棺の前を通り、数百万の人々が彼の変わり果てた顔の写真を見、また被告の二人が無罪となったニュースを信じられない思いで読み、また聴いたのである。エメット・ティルのリンチ殺害事件の残忍性とその判決の不当性は、人々を行動へとかり立てる契機となった。そしてこの事件はアラバマ州モンゴメリーのごく普通のお針子であった女性の決心をより強固なものにすることになった。彼女のごく単純な行動が公民権運動を法廷から一般の通りへと推し進めることになったのである。組織化された運動が始まりかけていた。

第三章　「運動」の始まり

都市部のジム・クロウ法

南部で始まり、最終的にはアメリカ全土に広がる公民権「運動」は、一つの地方都市で始まった。地方では、畑、職場、道路、またなんでも扱う小さな雑貨店という限られた狭い環境のなかで、また白人も黒人もお互いにその家族までもよく知っている人間関係のなかで、ジム・クロウ法や社会的因襲は何にも妨げられずに、その機能を十分に発揮していた。しかし都市部の白人がジム・クロウ法を維持しようとすれば、その適用範囲は地方より広がり、その方法はより厳しいものにならざるを得なかった。

地方では、優位に立つ白人に対して、黒人が異議を申し立てられる公共の空間や場所はほとんどなかった。しかし都市部で発達した新しい消費文化は、鉄道車両や駅、デパート、ガソリンスタンド、レストラン、映画館など、新たな場所を生み出し、そのような新しい場所では、ジム・クロウ法の「規定」があいまいであり、簡単に個人の判断で強制できるものではなかった。地方では、白人が優位なのは「当然」のことであり、白人の商人は白人の客と同じように黒人にも売ろうなどとは最初から考えていなかったのに対し、都市部では商品やサービスの平等を求める黒人の声が、白人にとって一つの脅威に見えていた。

白人にとってもっとも脅威であったのは、おそらく黒人と一緒にすわらなければならない路面電車、列車、バスなどの座席という新しい「空間」であった。プレッシー対ファーガソン裁判で「分離はすれども平等」を合衆国憲法の原則とした最高裁の判決が出されたのは、まさに列車の中のこの座席をめぐる争いであった。そして小さな「公民権」の問題が、社会全体を揺るがす運動にまで発展していくことになるその出発点もまた、アラバマ州モンゴメリーのバスの座席をめぐる争いであった。

「白人専用」と「黒人専用」

ジム・クロウ法が根づき始めたその最初から、公共の乗り物で黒人と白人の座席を明確に分離することは難しかった。列車では「白人専用車」と「黒人専用車」を別にすればよかった。しかし「分離はすれども平等」という原則に形式だけでも従うとすれば、列車にはそれぞれの人種に一等車両と二等車両が必要になってくる。しかし一等を利用する黒人はそれほど多くなかったため、経済的には成り立たなくなってしまう。鉄道会社は法律に従おうとはしても、決して満席になることはない「平等な」車両では利益を上げることができず、その対応は次第に熱意のないものになっていった。いざこざはすぐに起こった。中流の黒人が正規の料金を払ったにもかかわらず、肌の色が黒いというだけの理由で、「黒人専用」の汚い二等車両に押し込められたのだ。

有名な黒人指導者であるW・E・B・デュボイスは、黒人専用車両はいつも貨物車や機関車に連結され、雨が降ろうが、厳しい日差しがあろうが、いつでもプラットホームの屋根のないところにしか止まらず、列車に乗り降りするためのステップすらついていなかったと、一九二一年に書いている。その車両もたいてい使い古されたもので、座席には汚れがこびりつき、床にはほこりがたまり、窓には泥がついたままであった。長距離列車の食堂車では、黒人には食事を出さないか、白人の乗客がゆったり食事をしているところからは見えないようにカーテンで仕切られた食堂車の片隅で黒人用の食べ物が売られているかのどちらかであった。そのため彼らが長距離列車を利用する場合は、目的地がどんなに遠くても、その間に必要な食料を持って列車に乗ることが普通であった。つまり、黒人であるなら、たとえ料金を払っても、平等な扱いを受ける資格はないのだと感じさせるように、あらゆる努力がなされていたのだ。

列車での差別はひどいものだったが、黒人と白人が一つの空間を共有しなければならない南部の路面電車とバスでは、状況はさらにひどいものだった。そして彼らは毎日、仕事に行くときにそれを味わっていたのだ。

中央の十六席とローザ・パークス

南西部の白人ジャーナリスト、レイ・スタナード・ベイカーは、二十世紀の最初の十年間に新しい種類の人種差別が生じていた南部を旅し、問題の核心を次のようにまとめている。「白人と黒人が、物理的にせよ何にせよ、平等な立場で同じ空間にいることはほとんどなかった。彼らは家庭においても、毎日の職場においても、主人と奉公人という関係のなかで出会う。しかし路面電車においては、白人は命令を下す立場にあるわけでもなく、黒人は奴隷のように従う義務もなく、それぞれが乗車賃を支払った自由な市民として触れ合うのだ」この問題を解決するために、たとえばジョージア州アトランタの場合、路面電車の中に「白人は車両の前方からつめてすわり、黒人はうしろからつめてすわること」という掲示を出していた。

しかし車両の中をはっきり二分するカーテンや線、標識があったわけではないため、このようなやり方は根本的な解決策とはならなかった。人種という観点からすると、車両の中央はあいまいでやっかいな場所であり、アラバマ州モンゴメリーのように、白人の乗客が増えてくれば、彼らが多くすわれるように見えない境界線をさらにうしろへ動かしていく権限を運転手が握っている町も多くあった。

一九五五年から五六年を背景に、一人の白人女性と一人の黒人女性の深い関係を描いた、示唆に富み、また力みなぎる映画『ロング・ウォーク・ホーム』の冒頭場面はこのような状況を正確に再現している。黒人のメイドたちはバスの前方のドアから乗って、十セントの料金を払うと、いったん降りてうしろのドアに向かい、そこから再びバスに乗るのである。この面倒なしきたりは、黒人がバス前方の白人専用座席の間を通らないようにするためだった。映画では、メイドのオデッサ・コッターがバスの後方で、他の黒人の乗客と一緒に立ったまま、バス前方のすわる人もいない白人専用の座席を淋しげに眺めている場面がある。

実際にモンゴメリーの市バスの前から十席は、たとえ白人の乗客がいなくても、白人専用として扱われ、どんな状況だろうとそこに黒人がすわることは許されなかった。うしろの十席は、プロテスト・ソングにも出てくる象徴的な「バスのうしろ」であるが、ここは黒人専用であった。それぞれ前とうしろの十席が埋まると、「中央の十六席」が問題になる。これらの座席をどう「調節」するかはバスの運転手に任されていたのだ。鍵になるのはバス運転手の態度であった。

黒人の乗客ローザ・パークスが白人の運転手ジェイムズ・ブレイクとはじめて遭遇したのは、一九四三年の冬のことであった。ある日、彼女が乗ろうとしたバスの後方はすでに黒人で満員で、後方のドアの前のステップにも乗客が立っている状態だった。しかしバスの前の方は、一番前の座席まで誰もすわっていなかった。パークスは前方のドアからバスに乗ると、白人専用座席の間の通路を通り、うしろの方に向かった。彼女が振り向いて、バスの前方を見ると、運転手が彼女に、一度バスから降りて、もう一度うしろのドアから乗るように指示した。彼女はそのときの様子を「私はもうバスに乗っているんだし、うしろのドアの前には人が立っているのに、一度降りて、そのうしろのドアから乗らなきゃいけない理由がわかりませんと、その運転手に言ったんです。どうして人を押し分けて乗り込まなきゃいけないのって。するとその運転手はうしろのドアから乗れないのなら、俺のバスから、あの人はそう言ったんです、《俺のバス》から降りろって」と、『ローザ・パークス自伝』(一九九二)で語っている。最終的に彼女はバスから無理矢理降ろされ、バスから離れるときに、黒人専用席の誰かが「うしろに回って乗りゃいいじゃないか」とつぶやくのを聞いた。その言葉に関して、彼女は「あれは一九四〇年代のことですから、みんな反撃することもなく、あきらめていたんです」と書いている。

彼女はうしろのドアからもう一度乗ることはせず、ブレイクの運転するバスにはもう決して乗るまいと心に決めた。それ以後、彼女はバスに乗る前に、運転手が誰であるか確かめることにしたという。

モンゴメリーの近くで育ったローザ・パークスは、小学生のころ、黒人の子どもならほとんど誰でもそうであったように、人生について二つのことを学んだ。まず第一に、白人が自分たち黒人に何か悪いことをしても、「口答え」や仕返しをすれば危険な目にあうので、自分のまわりの白人には注意しなくてはならないということ。白人に間違った態度を取ったり、間違ったことをすれば――たとえそれが正当であっても――黒人は殴られ、リンチにあうこともあったのだ。

第二に彼女が教師の母親から学んだことは、この現実があるべき姿ではないということだった。彼女は町が白人専用の学校には立派なレンガ造りの校舎を建てたことや、白人の子どもたちは家から遠く離れた学校に通わなくてもよいということを知った。また彼女は自分の通う学校の校舎が黒人の親たちによって建てられ、冬にはその同じ親がストーブで燃やすための薪をみずから学校に運んでいる姿を見た。そして後年、彼女は、黒人も白人も同じように払った税金、つまり公の金のほとんどすべてが白人専用の教育施設に使われていることを知る。そして白人の学校の授業期間は九ヶ月であるのに対し、黒人の学校では、子どもたちが春には畑を耕し、植えつけをし、秋には収穫をして家族を手伝わなければならなかったため、授業期間は五ヶ月しかなかった。白人の子どもたちには通学バスがあったが、黒人の子どもたちには一台もなかった。これが現実であったが、あるべき姿ではないことをローザ・パークスは学んだのだ。彼女の家族がモンゴメリーに引っ越したとき、彼女ははじめて黒人と白人の座席が分けられたバスを見た。彼女は「これまでの黒人の子ども、あるいはこれから生まれてくる黒人の子どもと同じように」白人用と黒人用に分けられた公共の水飲み場の水は違うのだろうかと不思議に思ったと自伝で回想している。「白人用の水が白いのか、黒人用の水は違った色なのか、わたしは知りたくて仕方なかったの。水にはなんの違いもないことを理解するのに少し時間がかかったわ、同じ色で、同じ味だっていうことを。違いは誰が公共の水飲み場で水を飲むかということだけだった」彼女は成長するにつれて、ジム・クロウ法についてより深く知り、ついにはそれを打ち破るために立ち上がることになるのだった。

勝利へ向けてのテストケース

ローザ・パークスがバス運転手ジェイムズ・ブレイクに会った年、彼女ははじめて投票のために登録をしようとした。アメリカは民主主義の国であり、選挙権を持つ選挙人が投票をして、自分たちの意見を代弁してくれる政治家を選ぶことによって政治に参加できる。しかし、選挙人になるためには、選挙人名簿に名前を登録する必要があった。しかしこの有権者登録をしている黒人の数はこの当時、ごくわずかだった。白人の人種差別主義者がさまざまな理由、方法で黒人が登録することを妨害していたためだ。

しかしローザ・パークスは、一九四五年、三度目の挑戦でやっと登録を完了することができた。彼女はまた、ＮＡＡＣＰの支部会員で、会長のＥ・Ｄ・ニクソンの秘書としてすでに仕事をしていた。主な仕事は黒人に対する差別、不平等な扱い、暴力事件などの事例を記録することだった。この仕事を通して、彼女は市バスにおける人種差別を訴える可能性を探っていたＮＡＡＣＰの議論に参加するようになっていた。

さらに一九五五年の夏、彼女はテネシー州モントイーグルのハイランダー・フォーク・スクールが開催した「人種差別の廃止を求めて――最高裁判決の実施」という、学校教育での差別をいかに廃止させるかに焦点を当てた十日間のワークショップに参加した。一九五五年も終わりに近づいたころ、四十二歳でお針子の仕事が本職のローザ・パークスは、個人的であれ、社会的であれ、差別がどのようなものであるか明確に意識していた。

しかし十二月一日の木曜日、家路につくために乗ったバスの運転手が誰であるか、彼女は気づかなかった。「もし注意していたら、あのバスには乗らなかったでしょう」その運転手は、ジェイムズ・ブレイク。十二年前に彼女をバスから追い出したあの運転手だった。そのブレイクが、ローザ・パークスとほぼ同じ年齢で、アラバマ州南部の小さな町、イクォーリティ（平等）という名前の町出身であるとは、なんとも皮肉なことだ。運転手が誰であるか気づいたのは、彼女がすでに料金を払ったあとだった。

バスの中央には空いている席があったので、彼女はそこにすわった。次の停留所で数人の白人が乗って来た。前方の白人用の座席はそれでいっぱいになり、一人は立ったままだった。運転手が振り向き、白人の一人が立っていることに気づくと、彼はパークスと三人の他の黒人の乗客を見て、「そこの前の方の席を空けてくれ」と言った。しかし四人とも動かなかったので、彼はもう一度「立って席を譲ったほうがいいぞ」と言った。他の三人はしぶしぶ立ち上がったが、パークスはすわったまま窓側の席にずれて、立っている白人男性がすわれるようにした。

彼女はそのときのことを自伝のなかでこう書いている。「若いころ、夜眠れなくて、よく起きていたことを思い出してました。祖父も暖炉の脇で銃を抱えていて。祖父はどこに行くにも一頭立ての馬車でしたが、いつも馬車のうしろには銃がおいてありました。あの日、私は疲れていたから席を譲らなかったのだと、みんないつも言いますが、そうではないんです。体は疲れていなかった、というか、一日の仕事の終わりに疲れているという以上には疲れていなかったんです。それに、わたしがその当時すでに老人であったようなイメージを抱いている人もいますが、そんなことはありません、わたしは四十二歳だったんですから。そうではなく、わたしが疲れていたとしたら、それは白人に言われるがままに屈することに疲れていたんです」

その運転手は彼女がまだすわっているのを見て、立つつもりがあるのかどうか尋ねた。彼女は「いいえ」と答えた。「では逮捕してもらおう」と彼は言った。「どうぞお好きに」彼女は静かに答えた。

この当時、ＮＡＡＣＰは、バスの人種差別撤廃のために、訴訟を起こすことで法的に問題を解決しようと試みていた。この実験的なテストケースを成功させるためには、まず裁判に耐えうることはもちろん、社会的にも関心を引くことになるので、マイナスのイメージがない人物を当事者にすることが必要だった。

他の州では、バスの人種隔離法に対するこのようなテストケースがもっと早い時期から行われていた。それまでに、モンゴメリーでテストケースになりかけたのが、クローデット・コルヴィンの事件だった。一九五五年の春、彼女はバスの座席を譲ることを拒否したため、車両から引きずり降ろされ、逮捕された。ＮＡＡＣＰはこの事件をテストケースとして提訴しようとしたが、彼女が未婚のまま妊娠していることがわかったため、その計画はすぐに消えてしまった。テストケースが法律と社会の目にさらされる重圧に耐えられるように、原告はバスの席を譲らなかったという以外には一切何の問題もない人物である必要があったのだ。

運転手ブレイクはバスを降り、警官が来るのを待っていた。パークスは静かにすわって、これから起こることについてはできるだけ考えないようにしていた。彼女は自分がNAACPが探していたバスでの人種差別撤廃をめざすテストケースの原告になるかもしれないというようなことは微塵も考えていなかった。もしそのようなことを考えていたら、バスを降りていたでしょうと、彼女は言っている。しかし彼女はそこにとどまることを選択したのだ。

まもなく二人の警官がやって来て、その一人がなぜ立たないのかと尋ねたが、そのときのやり取りは彼女にとって忘れられないものになった。彼女は「なぜあなたがたはわたしたちをこんなにいじめるんですか?」と反対に訊いた。警官は「さぁ。しかし、規則は規則なんだ。逮捕する」と答えるのが精一杯だったと自伝のなかで振り返っている。

彼女は留置場で、自分の罪がアラバマ州のバス人種隔離法違反であることを知った。指紋を取られ、顔写真を撮られ、牢に入れられた。やっと許可がおりて、家に電話をすると、夫も母親もそろっていて、「殴られなかったかい?」と母親がまっさきに心配した。「大丈夫、殴られてないわ。でも牢屋に入れられてるの」彼女は言った。しばらくして夫とNAACPの会長E・D・ニクソン、白人弁護士クリフォード・ダーと彼の妻ヴァージニアが到着し、保釈金を払って彼女は釈放され、裁判は翌週の月曜日、一九五五年十二月五日に決まった。その夜遅く家に戻ったあとでも、彼女はこの逮捕がバスの人種隔離法に対するテストケースになるとは思ってもみなかった。

Ｅ・Ｄ・ニクソンは、これこそＮＡＡＣＰが待ち望んでいた事件だと確信した。ローザ・パークスに前科はないし、ずっと真面目に働いていて、結婚もしていた。つまり彼女は原告として非の打ちどころがない、完璧な人物だったのだ。「差別がこんなすばらしい恵みを与えてくれたとは」ニクソンは心を震わせて、喜んだ。

三万五千枚のチラシ

ニクソンやＮＡＡＣＰとは別に、まさにその夜、行動に出た人物がいた。アラバマ州立大学の英語の教授で、女性政治会議（ＷＰＣ）の議長でもあった黒人女性、ジョウ・アン・ロビンソンである。ＷＰＣは一九四六年に、選挙権を持つ黒人女性に有権者登録を勧めることを目的に設立されたが、バスの座席をめぐる差別とも積極的に戦っていた。

ロビンソン自身、一九四九年のクリスマス・シーズンにバス運転手といざこざを起こした経験があった。『アイズ・オン・ザ・プライズ』にはその屈辱的な体験が次のように語られている。両腕にプレゼントを抱えた彼女は、空港へ急ぐためにバスにかけ込んだ。そのバスにはほとんど乗客が乗っていなかったので、彼女は前方の座席にうっかりすわってしまった。すると運転手がすぐに彼女のところまで来て、殴りかからんばかりにこぶしを振り上げ、「立て！席を空けるんだ！」と怒鳴った。恐ろしくなった彼女はあわててバスを降りたため、抱えていたプレゼントをすべて地面に落としてしまった。「みじめな犬のような気持ちがしたわ」と彼女は後に振り返っている。「あとになって本当に腹が立った。わたしは一人の人間であり、あの運転手と同じ程度に知的であり、（少なくとも教育に関しては）彼以上に訓練を受けているのに。帰り道、涙が止まらなかった……」

ローザ・パークスの逮捕に抗議して、彼女たちは市バスの一日ボイコットの呼びかけに賛同し、夜中にアラバマ州立大学に集まって、ガリ版を使い密かにチラシを作った。ロビンソンはそのチラシに自分の名前もＷＰＣの名前も載せなかった。彼女がアラバマ州立大学のガリ版を使ってチラシを作ったことが市当局や州にばれたら、報復として、黒人専用の学校への予算が削減される恐れがあったためだ。彼女たちは大学の設備を使ったことが誰にもわからないように、徹夜で作業を続け、金曜日の早朝、まだ誰も来ないうちにすべての作業を終えた。

彼女たちはチラシを車に詰め込んで、地元の黒人専用の小学校、中学校、高校、黒人の集まるような店やバー、教会に配り、なんとか三万五千枚のチラシを黒人社会に配り終えた。モンゴメリーの新聞はほとんど白人に支配されていたので、このようなすばやい決断と行動が重要だった。金曜日が終わるころまでには、モンゴメリーのほとんどの黒人が、次の月曜日にボイコットに参加するように求められていることを知っていた。

そのチラシには次のように書かれていた。

一九五五年十二月五日にむけて
また一人の黒人女性が、バスで白人に座席を譲らなかったために逮捕され、牢屋に入れられました。

バスの座席を譲らなかったことで黒人女性が逮捕されたのは、クローデット・コルヴィン以来、これで二度目です。このようなことは止めなければいけません。

黒人にも権利があります。もし黒人がバスを利用しなければ、バス会社は経営困難になるでしょう。乗客の四分の三は黒人です。しかし私たちは逮捕され、席が空いていても立っていなくてはなりません。このような逮捕をやめさせるために、今何かをしなければ、逮捕は続くでしょう。次はあなたかもしれません。あなたの娘さんやお母さんであるかもしれません。

この女性の裁判は月曜日に開かれます。ですから、この逮捕と裁判に抗議して、すべての黒人のみなさんは、月曜日、バスに乗らないでほしいのです。月曜日は、職場や町や学校、どこへ行くにしても、バスには乗らないでください。

一日なら学校に行かなくても大丈夫です。仕事の場合には、タクシーに乗るか、歩いてください。しかし、子どもも大人も、どうか月曜日は一日、バスには乗らないでください。月曜日は、すべてのバスをボイコットしましょう。

十二月二日、金曜日、このチラシが人から人へと回り、ローザ・パークスもタクシーで仕事に向かった。

黒人社会の中心――教会

ここで、アフリカ系アメリカ人の教会の起源をたどる余裕はないが、南北戦争終結後の奴隷解放に続く再建法（ここには旧南部諸州の連邦復帰の条件として、黒人参政権の承認などが含まれている）、解放奴隷局、あるいは軍隊での雇用など、南部の白人による黒人支配の構造を根本的に変えようとする試みがすべて失敗したあとで、アメリカの黒人に残された唯一頼ることのできる場所が、教会であったことは認識しておく必要がある。

政治、文化、経済面で、彼らが前進するための道はすべて閉ざされてしまったので、南部で暮らすアフリカ系アメリカ人の生活は、ピクニックから、一日中催されている賛美歌の集い、各種の競技会、旅行や食事の会まで、生活のあらゆる面が教会を中心に回っていた。また北部では、教会が政治活動を進める拠点になっていた。奴隷制の時代にそうであったように、教会は黒人が感情を発散できる場所であり、欲求不満や痛みを隠すことなく表に出せる場所でもあった。ここでもっとも重要なことは、教会は多くのアフリカ系アメリカ人が自由に集会を開くことができ、自分たちの指導者を育てることができる唯一の場所であったことだ。

当然、南部のアフリカ系アメリカ人の牧師は、教会ができたその最初から、教会に集まる人々に莫大な影響を及ぼし、白人が支配する世界に向けて、自分たちの意見を伝えることができる唯一の代弁者となってきたのだ。

マーティン・ルーサー・キング・ジュニア牧師

金曜日の朝五時から、E・D・ニクソンはモンゴメリーの黒人牧師をはじめとする指導者たちに電話をかけ、月曜日のバスボイコットへの支持を要請し、その夜、モンゴメリーの中心、デクスター・アヴェニュー・バプテスト教会で開かれる予定になっている牧師たちの集会に出席するように頼んだ。その教会の牧師に最近任命されたのが二十六歳のマーティン・ルーサー・キング・ジュニアであった。アトランタのエベニーザ・バプテスト教会の有名な牧師の息子であり、中産階級に育った教養のある彼は牧師になったばかりで、モンゴメリーの黒人社会ではまだ無名の存在だった。

その夜仕事のあとで、ローザ・パークスは四十人以上の牧師や指導者が集まる集会に出席し、逮捕されたときの様子を説明した。その後この抗議運動を支持すべきかどうか、またどのように支持するのか、長い議論が続いた。途中で帰ってしまう者もいたが、最後まで残っていた牧師はほとんど、日曜日の礼拝の説教でこの抗議運動のことについて触れ、月曜日の夜にもう一度集会を開き、一日だけのボイコットをさらに続けるかどうか決めることに同意した。チラシには月曜日のボイコットに協力してくれるようにとしか書いてなかったのだ。

一方で、キング牧師やほかの指導者たちは、最初に黒人社会が感じていたはっきりとした正当な憤りが、無関心や恐怖のために消えてしまうのではないかと心配した。また白人のなかでも、特に暴力的な差別主義者たちが、現状に対する黒人社会の挑戦にどんな反応を見せてくるか、誰も予想できなかった。

月曜日の早朝、五時三十分、朝日が昇り始めたころ、街角には労働者が集まり、市バスの代わりに、その日は特別割引料金で走っていた黒人ドライバーのタクシーや、一日ボイコットのために手配された個人所有の車を待っていた。その日のことをジョウ・アン・ロビンソンは、「不安は耐えがたいほどでした。モンゴメリーの二百十人のタクシー・ドライバーが約束を守ってくれるかどうか、個人の車を運転する人がまったく知らない人を乗せてくれるのかどうか、黒人のバス利用者がバスをボイコットしてくれるのかどうか、誰も確信を持つことができなかったから。それにその日は寒くて、雨も降りそうだったから」と語っている。

キング牧師も不安を抱きながら、自宅の窓から外を眺めていた。そこを空っぽのバスが通り過ぎるのを見て、彼の不安は喜びに変わった。しかし彼は同時に慎重でもあった。これは自分の家のまわりだけのことではないかと思った彼は自分で車を運転し、町の他の場所がどんな様子か確かめに出かけたのだ。彼が町のいたるところで目にしたのは、歩いたり、親指を上げて車を止めたり、ラバに乗ったり、タクシーを利用したりしている黒人の姿であった。バスに乗っている者はいなかった。ボイコットはほぼ完璧に実行されていたのだ。

その朝、ボイコットをした人たちが学校や職場に着いたあと、ローザ・パークスは裁判のために法廷へ向かった。彼女の弁護士たちは無罪を主張したが、彼女を告発から守ろうとはしなかった。彼らは、この事件をバスの座席をめぐる分離政策の合法性を問う試金石にするために、彼女が有罪になることを受け入れ、さらに上級裁判所に上訴する計画であったのだ。ジム・クロウ法を実際に変更できるのは、上級裁判所しかなかったからである。予想どおり、ローザ・パークスは人種隔離法違反で有罪となり、十ドルの罰金と四ドルの法定費用を科せられ、執行猶予を言い渡された。黒人弁護士フレッド・グレイはすぐに上告した。

その日の午後三時、二十九歳のラルフ・アバーナシー牧師と二十六歳のキング牧師を含む牧師と黒人指導者のグループは、ホルト・ストリート・バプテスト教会に集まり、この運動をどのように指揮するのか議論し、その夜の大集会をどう進めていくか、計画を練り始めた。ボイコットはほとんどの場所で成功したが、次にどのような段階に進めるか、それを決めるのは別のグループにかかっていた。

この運動を進めるために新しく作られた組織のリーダーに選ばれたのがキング牧師であった。彼の高潔さが評判だったためか、演説がうまかったためか、この町に来てまもない彼には敵がいなかったためか、あるいは危険が潜む立場には誰も立ちたくなかったからなのか、ともかく選ばれたのは彼であった。そしてその場でこの組織はモンゴメリー改良協会(ＭＩＡ)という名前に決まった。

その日の午後、ＭＩＡは、夕方の教会での集会で、差別に関する根本的な問題解決を求める大きな要求項目に関しては、議題に載せないことに決定した。議題として決定されたのは、単純に黒人の乗客に丁寧に対応すること、黒人居住地域では黒人のバス運転手を雇うこと、バスの座席に関しては、白人はバスの前方から、黒人はうしろから座席にすわり、中央の部分は人種を問わず先に来た人がすわれる「先着順」にすることを要求し、この三つの要求が受け入れられるまではボイコットを続行するという方針であった。これらの要求はきわめて穏やかなものであり、この時点では、座席の分離の廃止すら求めていないことに注目すべきである。

その夜、ホルト・ストリート・バプテスト教会の外には、この礼拝堂で開かれたはじめての大集会に入りきれなかった数百人の群衆が、彼らのために教会が設置した拡声器に耳を傾けていた。ＭＩＡのリーダーたちは、会場を支配するただならぬ気迫にすぐに気づいた。それはローザ・パークスとの単なる連帯意識をはるかに越え、またバスや職場や公共の場で味わってきた苦痛に満ちた屈辱の記憶をもしのぐほどのものであった。そこにはその朝早く、黒人たちが一致団結してバスをボイコットしたときに生まれた新たなエネルギーが渦巻いていたのだ。

熱気を力に変えた演説

新しいＭＩＡのリーダーであり、その集会の主要な演説者でもあったキング牧師は、うねるようなその巨大な力を慎重に「導かねばならない」と感じていた。彼は人々が積極的に行動し続けられるように十分にその士気を高めておくと同時に、彼らの熱気をコントロールし、その行動がキリスト教の教えの範囲に収まるよう節度を保たせる必要があった。人々に勇気を与える必要はあったが、同時にそれが憎悪や嫌悪に向かわぬようにしなければならなかった。そして彼が何より望んでいたのは、黒人教会の礼拝堂で語られる言葉を、政治的、社会的な要求に結びつけることであった。重大な意味を持つこの集会での演説のために、キング牧師がスピーチの原稿をまとめる時間は十五分しかなかった。

心を燃え立たせるような賛美歌三七九番「見よや、十字架の旗たかし」を歌ったあと、ついにキング牧師の出番となった。彼はまず最初に、この集会に集まった聴衆が「アメリカ国民」であることを明確に語ろうと決めていた。アメリカ国民ならば、不正と戦い、より良い社会のために貢献する権利と責任があるからだ。彼の演説は暴力の否定と同時に、行動を強く求めるものであった。

「広く一般的な意味で、わたしたちがここに集まったのは、第一にわたしたちがアメリカ国民だからであり、わたしたちの公民権を意味のあるものにする決意をしたからです。わたしたちがここに集うのは、わたしたちが民主主義を愛しており、薄い紙に書かれたことを実のある現実に変えることができる民主主義こそ、地上でもっとも偉大な政治形態であると深く信じているからです。しかしまた特別の意味で、わたしたちがここに集まったのは、モンゴメリーのバス問題のためです。わたしたちがここにいるのは、この問題を正すためなのです。……アメリカの民主主義の輝かしき栄光は正義のために抗議する権利を認めている点にあるのです」

歓声や足を踏み鳴らす音が、教会の中からも外からも大きく響き渡った。それはキング牧師が宗教的、政治的な集会でそれまで聞いたこともないほど大きなものだった。

……長く抑圧されてきたわたしたちは、捕囚という長い闇夜を歩くことには、もううんざりです。しかし今やわたしたちは自由と正義と平等の夜明けを迎えようとしています。……ここで強調したいのは、すべてのわたしたちの行動、また今夜ここでのすべての選択において、そしてこれから先の将来において、わたしたちが何をしようとも、わたしたちは神を前面に立てるべきだということです。すべてにおいてクリスチャンとして行動しようではありませんか。……まさにここ、モンゴメリーで、将来歴史の本が書かれるとき、人は必ず言うでしょう、「ここにはある民族が住んでいた、《縮れた毛と黒い肌》をした黒人が、自分たちの権利のために道徳的な勇気を持って立ち上がった人々が。そして彼らは、歴史と文明の血管に新しい意味を注ぎ入れたのだ」と。さあ、行動に移そうではありませんか。

聴衆は歓声と拍手と「アーメン」の声でこれに応えた。このときすでに問題はバスの座席をはるかに超え、自由と正義と平等を包み込む広がりを見せていた。

続いてアバーナシー牧師が、バス会社とモンゴメリーの白人指導者たちに提示する予定のMIAの要求リストを読み上げた。運動の行く末を決定する瞬間が来たのだ。キング牧師は採決を取るため、これらの要求の提出とバスボイコットの継続に賛成する者に起立を求めた。一人、二人と、礼拝堂の聴衆が立ち上がり始め、最後にはそこにいた全員が立ち上がっていた。教会の外で聞いていた群衆も「賛成!」と口々に叫んでいた。ある記者が書いたように、彼らは「自由を求めて燃えていた」のだ。

ボイコットは続けられた。火曜日の朝からも、黒人のモンゴメリー市民はバスに乗らなかった。木曜日に、キング牧師とフレッド・グレイ弁護士は三人の市当局の役員とバス会社の幹部たちと会い、三つの要求を提示した。バス会社の幹部は、運転手が黒人の乗客に無礼な態度を取ったことはないと主張し、他の二つの要求もあっさり拒否された。
ボイコットは続いた。それがいつ終わるのか、誰にもわからなかった。

白人の抵抗

このボイコット運動に対する白人市民の反応はさまざまだった。予想どおり、もっとも激しい反応を示したのは白人秘密結社KKK（クー・クラックス・クラン）だった。地元のKKKは黒人居住区を定期的に行進したり、大挙して車で押し寄せたりしていた。リンチ、鞭打ち、爆弾など、KKKの恐ろしい噂が広まっていたので、彼らが白い頭巾と白いマントに身を包んだ姿を見せるだけで、黒人たちは通りやポーチから姿を消し、電気を消して、鍵をしめた安全な家の中に逃げ込むのだった。公共のバスに乗ることを拒否するというごく単純な行為が、ボイコットに参加する黒人たちにとって命取りになる可能性があることは明らかだった。

モンゴメリー警察は、黒人が運転するタクシーを街角で待っている黒人たちに対して、正規の料金で営業していないタクシー運転手は逮捕すると脅した。タクシーの正規料金は四十五セントだったが、MIAは黒人のタクシー運転手に乗客一人につき通常のバス料金である十セントで乗せるように指示していたのである。三人の市役員のなかで一番の差別主義者であった警察本部長セラーズは、ボイコットに協力したタクシー運転手で、乗客が誰であれ、正規の料金を取らないで乗車させたことが明らかになった場合には、その運転手に重い罰金を科すと脅していた。

一方教会は、ボイコット運動を徹底させるために、寄付金を集めて何台ものステーションワゴンを購入して「走る教会」と呼び、タクシー代わりに利用できるように工夫した。しかし市当局は、保険業者に圧力をかけ、教会が新しく購入したワゴン車には保険の加入を拒否するように指示した。保険に加入していなければ、法的に車を走らせることはできない。そこでキング牧師はアトランタの黒人の代理業者を通し、ロンドンのロイズ保険会社と契約を結び、なんとか保険をかけることに成功した。

ボイコットの賛同者たちは協力し合い、黒人労働者の通勤の手助けをした。そのなかには白人が何人もいた。しかし警察はこの動きを阻止するために、ささいな交通違反に対しても違反切符を出し、時には違反をでっち上げることさえあった。警察はボイコットに協力する人たちの車のナンバーも書きとめ、できる限りの嫌がらせをした。

映画『ロング・ウォーク・ホーム』にはこのような白人側の反応、特にモンゴメリーでも急速に会員を増やした白人市民会議の様子が克明に描かれている。この団体は、ブラウン対教育委員会裁判で人種隔離を違憲とする最高裁の判決が出たあと、南部のいたるところで次々と地方支部を結成していった。映画に出てくる彼らの姿は、KKKのように白い頭巾をかぶってはいないものの、経済面において、黒人社会に対する大きな脅威になっていた。多くの黒人は市の職員、運転手、工場労働者、家事奉公人として白人の雇用者の下で働いていたので、今回のように黒人主導の抗議運動に白人の雇い主が反対の立場を取れば、簡単に解雇される危険があった。ローザ・パークスは地元のデパートでのお針子の職を失ったが、それはこのボイコットのせいだと考えていた。彼女の夫は、白人の上司が職場ではバスボイコットやその種の運動についてて話すことを禁じたため、仕事を辞めた。

ボイコットに関して、モンゴメリーの行政に関わる白人指導者の態度にはあいまいなものもあったが、市長と三人の市役員が白人市民会議に加わったことで、彼らの態度は明確になった。

忍耐の三百八十二日

「奇跡が起きたのだ。かつては静かに眠っていた黒人社会が、今やはっきりと目覚めたのだ」

後にキング牧師はこう語った。しかし毎日毎日、歩いて仕事へ行くことは、日に日に疲労を重ねていくことになった。

その疲労を少しでも軽減するために、教会は何台ものワゴン車を使っていたが、それ以外にも、車を所有する百五十人以上の人たちが黒人労働者を職場に送るために自分たちの車を運転することを買って出た。送り迎えの必要な人たちが車を利用しやすいように、あっという間に送迎システムが作られた。やがてこのシステムは朝の五時三十分から、夜中の十二時三十分まで稼動するようになり、三十二ヶ所の乗り場と乗り換え場所ができ、約三万もの人々が毎日、仕事のためにこれを利用した。

このシステムを利用できなかった人たちもいたが、ある高齢の労働者は「孫の世代のために歩くのさ」と言って、毎日五マイル、仕事の行き帰りを歩いた。

しかしこのような固い決意に支えられた運動も、白人による暴力の試練を受けなければならなかった。KKKはボイコットを阻止するために、黒人指導者たちの家を爆破した。一九五六年一月三十日、集会に参加していたキング牧師は、自宅が爆破されたことを知らされた。家には妻のコレッタと生後七週間の赤ん坊がいたが、奥の部屋におり、無事だった。しかし家は大きく破壊された。その数日後、今度はニクソンの家が爆破された。ローザ・パークスは匿名の電話で、「こんな抗議活動を始めた奴は消してやる」と脅迫された。

ボイコット推進者に向けられたこれらの激しい憎悪のなかで、キング牧師は驚くべきことに非暴力でこれに対抗した。それを示すもっとも印象的な出来事は、キング牧師の家が爆破された夜のことだ。集会から急いで家に戻り、妻と赤ん坊の無事を確認すると、彼はすぐ表に出て、怒り狂う群衆に呼びかけたのだ。そのなかには、暴力で応えるべきだという者もいたが、彼は家族が無事であることを群衆に知らせたあと、こう続けた。「わたしたちは法と秩序を信頼している。うろたえてはいけない……武器を手にしてはならない。剣で生きる者は剣で滅ぼされる。神のみ言葉を思い出してもらいたい。わたしたちは暴力を善しとしない。今必要なのは敵を愛することだ。敵に対し、わたしたちが善良であることだ。彼らを愛し、そのことを彼らに知らせるのだ……わたしはこの国のすみずみにまで知らせたい、もし誰かがわたしの活動を止めても、この運動を止めることはできないと……わたしたちが今やっていることは正義なのだ。神が共におられるのだ」この即席の演説に応えるように、誰からともなく賛美歌が歌われ、「わが祖国、汝のものなり、麗しい自由の国、我、汝をほめ歌わん」の歌声がそれに続いた。

キング牧師のこの非暴力主義、そして「消極的抵抗」はこの運動全体の基盤となり、このことで、彼は公民権運動においてのみならず、社会改革においても国際的に知られるようになった。彼の非暴力主義の根は、インドでガンジーが英国に対して実践した平和的抵抗にあると捉えられがちだが、キング自身は『聖書』のなかのキリストの行動により深い根拠を見出していた。その根がどこにあるにしても、暴力に抵抗するための非暴力主義はモンゴメリーにおいて、またそれ以後の運動において広く支持を得る重要な鍵となった。

ボイコットが続けられている間、毎週月曜日と木曜日に大きな集会が開かれたが、それには三つの理由があった。まず第一に、ボイコットを阻止しようとする者たちが根も葉もない噂話を広げていたので、参加者が惑わされないよう正確な情報を伝える必要があったためである。第二は、その集会はカープールのガソリン代や運動の維持費に当てる寄付を集める主要な場になっていたためだ。ある記者は、「この運動はごく普通の黒人たちによって支えられており、週に五ドルしか稼げない者も、ボイコットを支持するために一ドルを寄付していた」と報じている。寄付金はモンゴメリーのユダヤ人の団体、ニューヨークに住む航空会社の職員、匿名の南部の白人たち、そしてＮＡＡＣＰからも寄せられた。

そして第三に、この集会は精神を高揚させるための重要な場となっていたからだ。そこでは賛美歌のほかに次のように、自分たちを鼓舞し、団結を強めるような歌もよく歌われていた。

バスなんかにはもう乗らない
もう乗るもんか

白い人たちよ、覚えておいてくれ
バスなんかにはもう乗らないのさ

ボイコットが続く一方で、法廷での争いも続いていた。二月にはフレッド・グレイ弁護士がバスにおける人種隔離は違憲であるとして連邦地方裁判所に提訴した。グレイ弁護士の訴訟はこの問題を最高裁まで引き上げることになった。

この期間、ほとんどのバスには白人が一人か二人しか乗っていなかったため、ボイコットはバス会社に大打撃を与えていた。通常五万二千人の乗客があり、そのうち四万人は黒人であったが、この黒人乗客の九十九パーセントがバスをボイコットし、白人も怖がったり、またさまざまな別の理由からバスを使わなくなったので、路線は大きな赤字を抱えることになり、とうとうバスの運行は停止した。また黒人は自分たちを差別する店を敬遠していたので、繁華街の商売にも大きな損失が出始めた。白人の弁護士団はボイコットを禁ずる古い法律を持ち出し、二月にはキング、パークス、さらにＭＩＡのメンバーを含む八十九人を告発した。警察でローザ・パークスが指紋を取られているところを、近くにたまたまいた新聞社のカメラマンが写真に撮り、これが『ニューヨーク・タイムズ』紙の一面を飾った。この写真はたちまち有名にな

ローザ・パークス（UPI・サン）

り、モンゴメリーで起こっていることを広く知らせることになった。

六月の連邦地方裁判所で、彼らはバスにおける人種隔離撤廃を訴える裁判に、二対一で勝訴した。市当局はすぐに最高裁に上訴した。これにより最終的な判決はさらに数ヶ月先に延ばされ、彼らはまた数ヶ月歩くことになった。

一九五六年十一月十三日、合衆国最高裁判所が原告に勝利をもたらす判決を下したとき、集会に集まっていた人々は大喜びした。しかしＭＩＡは最高裁から市当局にバスにおける人種隔離を撤廃する命令書が届き、人種隔離撤廃が正式に実行される日までボイコットを続けた。そして最高裁からの命令書が出された翌日の十二月二十一日、多くのカメラマンが集まり、人種に関係なくバスの前方に堂々とすわるキング牧師、アバーナシー牧師をはじめとするこの運動の指導者たちの写真を撮った。またカメラマンは競ってバスの最前列にすわるローザ・パークスを撮影したが、写真のなかには白人記者の「前」にすわっている彼女の姿を写しているものも何枚かあった。またあのジェイムズ・ブレイクが運転するバスに乗っている彼女の写真もあった。

モンゴメリーのバスの座席をめぐる人種統合はこれで法的に完了したが、暴力的な反応は相変わらず続いていた。暗くなってからバスに銃弾が撃ち込まれるという事件が起きたときには、バス会社は午後五時以降のバスの運行を拒否した。これは九時から五時まで働く人たちにとっては迷惑な話だった。四ヶ所の黒人教会と三人の黒人牧師の家には爆弾が投げ込まれた。パークスの夫はしばらくの間、銃を枕元において眠り、パークスもこのような調子では白人が支配するビジネス界で職を得ることは難しいだろうと感じていた。彼女の自伝には、最終的に二人が身の安全と仕事のために、デトロイトに移る決心をした事情が淡々とつづられている。

このような問題が続いたにせよ、モンゴメリーのバスボイコットは公民権運動が直接行動によって成功した最初の例である。ブラウン対教育委員会裁判に始まり、エメット・ティル殺害事件で大きな盛り上がりを見せた運動は、さまざまな勇気に支えられ、固い決意が熱意を生み、一般の人々を巻き込んで大きな花を咲かせたのである。来る日も来る日も歩き続けたマザー・ポラードという名の黒人女性の言葉ほど、モンゴメリーの抗議運動の影響を的確にまとめたものはないだろう。彼女はこう言っている、「私の足はくたびれ果てている、でも魂は安らいでるのよ」。

第四章　旗を掲げて——公教育の差別撤廃

憎悪の象徴となった一枚の写真

一九五七年九月四日、アーカンソー州リトルロックで、十五歳のエリザベス・エクフォードは新しい高校に行く最初の日のために、特別に作ってもらった糊《のり》のきいた黒と白のドレスを着て、公共のバスに乗った。しかしバスを降りると、他の黒人生徒の姿は見えず、目に入ってきたのは白人の群衆であった。『アイズ・オン・ザ・プライズ』で彼女はその時のことを「その人たちはわたしの名前を叫びながら、わたしを追いかけ始めたんです……そのときはまだ怖くなくて、ただ少し緊張していただけだった。でも突然ひざが震え出して、一ブロック先の正門までたどり着けるかどうか心配になってきました。一ブロックがあんなに遠く感じられたことはありませんでした」と語っている。

彼女は背後から大勢の白人が口々に口汚く叫んでいるのが聞こえた。「ニガー、自分の学校へ行け。俺たちのよりも立派な学校があるんだろ！」「ニガー、アフリカに帰れ！」

カメラマンのウィル・カウンツは、怒り狂ったヘイゼル・ブライアンという白人の少女が、友だちのサミー・ディーン・パーカーと一緒にエリザベスのすぐうしろを追う群衆の先頭に立ち、憎しみを込めて彼女に叫んでいる瞬間をとらえた。エリザベスの背中に食いつこうとするかのように大きく口を開けたこの白人少女は、群衆全体の怒りを代表しているように見える。この一枚の写真は人種差別主義者が黒人に対して抱く憎悪の象徴になった。

色の濃いサングラスで目を隠したエリザベスはなんとか自分を落ち着かせ、学校の入り口に向かって歩き始めた。しかし学校は州兵により包囲されていた。オーヴァル・フォーバス州知事が学校における強制的な人種統合を阻止するために出動を命じたのである。それは裁判所の判決に対する公然たる反抗だった。

『アイズ・オン・ザ・プライズ』やハーブ・ボイドの『勝利をわれらに』(二〇〇四)には当時をまざまざと思い出すエリザベスの言葉が次のように引用されている。

「ちょうどそのとき、州兵が何人かの白人の生徒を学校に入れるのが目に入りました。群衆は何も言いませんでした……わたしはひざの震えを何とか抑え、白人の生徒を入らせた州兵のところに歩いて行きました。その州兵は動かなかったので、彼の横を通り抜けようとすると、突然彼は銃剣を構え、他の州兵も集まってきて同じように銃剣を構えたんです。彼らは悪意に満ちた目でわたしをにらむので、わたしは怖くてどうしたらいいのかわかりませんでした。振りむくと、大群衆がわたしに向かって近づいて来ました。どんどんその距離が近くなってくるんです。誰かが『リンチだ。リンチにしろ!』と叫び始めました。わたしは群衆のどこかに知った顔がないか探しました。助けてくれそうな人を。親切そうな顔をした年配の婦人が目に入ったので、すがるようにその人を見ると、彼女はわたしにつばを吐きかけました」

どうしていいかまったくわからなくなったエリザベスは、バスの停留所を見つけたので、そこまで歩いていきベンチにすわったが、群衆は罵りわめきながら、彼女のあとをつけ回してきた。そのとき、地元の黒人専用大学の教授夫人であるグレイス・L・ローチが群衆をかきわけて近づき、「この子にかまわないで！　この子を困らせてどうしようっていうの？　半年もしたら、みんな恥ずかしくて顔も上げられなくなるわよ」と言うと、「誰かがエリザベスを傷つけようとしたら、彼女を守る覚悟」でベンチのわきに立った。『ニューヨーク・タイムズ』紙の記者、ベンジャミン・ファインも彼女の横に立ち、「泣き顔を見せちゃだめだ」と元気づけた。やがてローチとファインは彼女につき添ってバスに乗り、彼女の母親の職場である盲学校まで送っていった。新学期が始まったその日、結局、黒人の生徒は一人もセントラル高校に入ることが許されなかった。

アメリカ合衆国の最高裁判所が、特に公共教育の場において、「分離はすれども平等」主義は憲法違反であると判決を下してからすでに三年以上たっているというのに、彼女と八人の黒人生徒はなぜこの学校に入ることを許されなかったのだろうか。モンゴメリーのバスボイコッ

エリザベス・エクフォードとヘイゼル・ブライアン
© Bettmann／CORBIS

トは、その町のバス差別撤廃に成功したではないか。それなのに、なぜ州兵が黒人生徒を学校に入らせないようにし、堂々とこの国の法を破るというような事態が起こるのだろうか。

十分慎重に、かつ速やかに

第一章で述べた一八九六年のプレッシー対ファーガソン裁判において、アメリカ合衆国最高裁判所は「分離はすれども平等」という制度を合法としたが、白人の政治家や社会の指導者が強調したのは「分離」だけであり、教育設備や教員についての「平等」はほとんど無視されてきた。たとえば人口において黒人が多数派であるミシシッピ州では、十九世紀から二十世紀の変わり目に、学校に通う子どもたちの六十パーセントを黒人が占めていたが、彼らに使われる州の教育予算は、全体の十九パーセントにすぎなかった。アーカンソー州を含む近隣の深南部の州においても、それは大差なかった。

黒人は当然、一九五四年のブラウン対教育委員会裁判の判決を喜び、多くの黒人が自分たちもすぐに良い設備、良い教科書、良い教員が整った学校に通えるだろうと思ったし、これでやっと白人の一般市民と同じ教育を受ける機会を得られると思った。黒人には、一流とは言えなくても、自分たちの良い学校があるではないかと主張する白人もいたが、現実的には黒人の学校はほとんど例外なく、二流かそれ以下のものであった。リトルロックのどの黒人専用学校と比べても、セントラル高校は優れていた。エリザベス・エクフォードの友人で、彼女とともにはじめてセントラル高校に入った黒人生徒の一人、メルバ・パティーロ・ビールズはインタヴューで答えている。「セントラル高校に入りたかったのは、他の高校に比べていろんな点で恵まれていたから。何よりもまず、設備も整っていたし、いろんなチャンスが他より五倍もあったんじゃないかしら。わたしは教育の重要性を理解していたから――別にこの学校の差別をなくし、歴史を変えようなんて大それた望みなんか持ってなかった。本当よ、そんなもの、全然なかった」

公共の教育機関における基本的原則はブラウン裁判の判決で明確にされたが、一九五五年五月に最高裁判所は「ブラウンⅡ」と呼ばれることになる第二の判決で、教育における差別撤廃の判決を実行に移すように促そうとしていた。この最高裁の第二の判決では、一九五四年の判決を迅速かつ合理的に遵守することを各州に求めていた。最高裁判所長官アール・ウォーレンはこの第二の判決の最後を、現在ではあまりに有名になってしまった「十分慎重に、かつ速やかに」実行に移すべきであるという矛盾した言葉で終えている。要するに、最高裁判所は合衆国に「ゆっくり急げ」と言っているようなものである。人種の統合を目指す者にとって、この言葉の力点は「速やかに」にあった。一方、強硬な差別主義者にとって、「十分慎重に」という言葉は、「はるかかなたの未来」を意味していた。

議員たちの大きな抵抗

最高裁判所の判決に対する白人の抵抗は、単にごろつきが集まって暴徒と化すというようなレベルではなかった。実際それは南部のトップレベルの政治家までも巻き込んでいたのだ。第一章でもふれたが、ブラウン裁判の判決に対して、南部出身の九十六人の合衆国議会議員、上院議員十九人と下院議員七十七人が、後に「南部宣言」と呼ばれることになる文書に署名をした。ただしテネシー州のエステス・キーフォーヴァーとアルバート・ゴア・シニア、そしてテキサス州の上院議員で民主党（多数派）院内総務であったリンドン・ジョンソンがそれに加わらなかったのは有名な話である。一九五六年三月十二日の合衆国議会議事録を見ると、「……裁判所が不当に権力を行使することは憲法違反であり、それにより大きな影響を受けた州は深刻な無秩序と混乱を引き起こしている。それは、白人、黒人双方の善良な人々が九十年にわたり、忍耐強い努力を重ねて築いてきた白人と黒人の友好的な関係を破壊している。さらに、それはこれまで友好と理解があった場所に、憎しみと疑惑を根づかせてしまったのだ」と書かれている。しかしこの宣言に署名した黒人の上院議員や下院議員は一人もいなかったという事実、また黒人社会がここに書かれている「友好的な関係」という見方には多分同意していないということは、誰の目にも明らかなことだった。

この共同宣言に署名した人たちは、「合衆国憲法に反するブラウン裁判の判決を破棄させ、またその判決の強制執行を阻止するために、あらゆる合法的手段を使う」という誓いで宣言を締めくくっている。事実彼らは最高裁からの差別撤廃命令を拒絶することを正当化するために、憲法論を展開させようとした。彼らは「州権優位説と連邦法施行拒否」を組み合わせて論陣を張ることで、州当局が連邦政府の憲法違反から州民を守ることができると確信していた。この理論は、一八三〇年代にサウスカロライナ州で貿易品に対する連邦政府の関税制度の強要を阻止するために、また北部のいくつかの州で、一八五〇年の逃亡奴隷取締法の拒否を促すために使われたものであった。二十世紀半ばには「州権」として位置づけられるようになったこの考え方は、合衆国憲法修正条項第十条、「この憲法によって合衆国に委任されておらず、また州に禁じられていない権限は、それぞれ州またはその人民に留保される」という考え方に基づいている。憲法では教育について触れられていないので、州権主張者は教育を管理できるのは州だけであると主張したのである。

ここで注目に値するのは、合衆国政府のトップである大統領が最高裁の決定を実行しようという「意思」を欠いていたことである。アイゼンハワー大統領は判決の施行に非協力的であった。めったにないことであったが、黒人の聴衆を前にしたときに、大統領は彼らに容赦なく「さあ、みなさんには我慢してもらわねばなりません」と言ったという。これが本音だったのだろう。アイゼンハワー大統領は、多大な力を持ついわゆるディクシークラット、すなわち州の権利を優先させようとした南部民主党離党派に属する人たちの団体票が必要であったため、彼らの意向を取り入れようとして、それまでのまたそれ以後の大統領と同様に、公式の発言においては、人種統合問題に関してあいまいな態度を続けていた。彼はこの国の法律を支持する約束をする一方で、裁判所の判決を施行することを控えていた。そして個人的には、「法や強制で、簡単に人の心が動くものではない」と単純に考えていた。公民権問題に関して、アイゼンハワー政権が事実上の指導力を発揮することなど、とうてい期待できなかった。

差別撤廃反対者たちが抱いた恐怖

リトルロックは、どこから考えても、人種問題に関して緊迫した事態が起きるような場所ではなかった。人種問題に関してはどちらかといえば進歩的な態度を取ってきたアーカンソー州は、一九四〇年代半ばから黒人が社会に進出していた。警察官には黒人がいたし、少数だが黒人と白人が隣どうしで平和に暮らしている地域もあった。他の州、特にミシシッピ州などとは対照的に、投票権を持つすべての黒人の約三十三パーセントが選挙人登録をしており、図書館、公園、公共バスにおける人種差別もなかった。したがってアーカンソー州では、ごく自然に次の段階は学校での差別撤廃だと思われていた。

事実一九五四年五月二十日、ブラウン裁判において最高裁判決が出たわずか一週間後に、リトルロックの教育委員会は南部の都市でははじめて、次のような声明を出した。「合衆国憲法による要求に従うことはわたしたちの責務である。わたしたちが従うべき大まかな方向を合衆国最高裁判所が示すならば、わたしたちはそれに従う意思がある」この声明に従い、現状を変えていくための計画が立てられ、一年後には学校における差別撤廃を段階的に行い、一九六三年までには人種統合を実現するという市の計画をリトルロックの連邦裁判所が承認した。差別撤廃はまず教師や生徒の数が比較的少ない高校から始まり、徐々に小学校へと広げていくことになっていた。そして一九五七年九月、最初の黒人生徒たちが白人だけのセントラル高校に入学することになった。しかし、この入学をめぐって、予想もしなかった大きな戦いが始まったのである。

一方の陣営には、できる限り質の高い教育を望む黒人の家族やその子どもたちがいた。彼らを支えていたのがNAACPのアーカンソー州支部長を務め、人種統合に向けて黒人生徒たちに準備をすすめさせていたデイジー・ベイツであった。七十五人の黒人生徒がセントラル高校への入学届を出したが、新学期が近づくにつれ、教育委員会はその数を二十五人にまで減らした。さらに教育委員会はその二十五人に入学を思いとどまらせようとして、彼らの親を呼び、子どもたちが黒人の学校にいたほうがスポーツや課外活動に参加できる機会がもっと多くなるだろうと説得を始めた。

対立するもう一方の陣営は差別撤廃に反対する人たちで、彼らは白人市民会議やセントラル高校母の会のようなグループを結成していた。彼らは人種統合を無期延期にするか、あるいは完全に阻止するために努力をしていたが、なかには白人が密かに抱いていた根本的な恐怖について語る者もいた。今回の問題は単に黒人が白人と同じ教室の中にすわるというような問題ではないと、彼らは主張した。彼らは反対者を結束させるために、白人の人種差別主義者が考える究極のタブー、異人種間のセックスの可能性を問題にしたのだ。学校主催のダンスパーティーで黒人生徒は白人生徒とダンスをすることが許されるのか。全生徒が同じトイレを使うのか。そして彼らにとってもっとも恐ろしいこと……黒人生徒と白人生徒がクラスの劇でラブシーンを演じることは許されるのか。

　この町の物静かで穏やかな節度ある白人たちは、暴力的で騒がしい反対者たちをたいていは「道端のどこか」から出て来た「白いクズ」と呼んでいた。しかしそう呼んだところで、白人の暴徒に加わる者たちが抱いている恐怖の原因を取り除くことにはならない。暴力的な白人の人種差別主義を非難するのは簡単だが、もっと肝心なことは、彼らがなぜこれほどまでに恐怖を抱いているのか、その原因を把握することである。

　人種差別主義者の多くは白人の労働者階級に属しており、彼らは一九五〇年代の好景気の波に乗って、そこそこの仕事を得、恥ずかしくない程度の家を持てるまでにのし上がってきた。そのため自分たちの子どもには、良い教育を受けさせることでより良い将来が期待できると思っていたので、黒人の子どもが同じ学校に入れば教育水準が下がると考え、人種統合を社会的に上昇していこうとする自分たちへの脅威と見ていたのかもしれない。彼らからすれば、黒人を白人と同じ学校に行かせることは、白人が受けていた教育の価値を下げる結果になってしまう。奴隷制があった時代に、黒人に読み書きを教えることを恐れた原因の根底には、おそらくこれと同じ心理が働いていただろう。結局自分と同等の知性を持ち、同等の教育を受けた人を見下すことは難しいからだ。同じ基盤の上に立って、アフリカ系アメリカ人とつき合うことは、異人種間のデートへの恐怖をかき立てるばかりでなく、彼ら労働者階級の夢を壊すことにもなっていたのだ。

旗を掲げる人々

学校が始まるまで二週間を切った八月二十二日、デイジー・ベイツが自宅のリビングの長椅子にすわってニュースを聞いていたとき、外から投げられた石で窓ガラスが割られた。当時の彼女の回想『リトルロックの長い影』(一九六二)に、彼女は次のように書いている。「本能的にわたしは床に身を伏せた。全身、粉々になったガラスにまみれていた……床のまん中に転がっていた石には紙切れが結びつけられていたので、手を伸ばして石を取り、紐を切って、汚れた紙を開いてみた。そこには太い字で『今回は石だが、次はダイナマイトだ』と走り書きされていた」

その石は、その後も続くベイツだけを狙った暴行の第一波にすぎなかった。続く数日間に、二つの十字架が彼女の家の前庭で燃やされ、家の中には複数の銃弾が撃ち込まれた。彼女の家族のなかで、白人の人種差別主義者から攻撃を受けたのは彼女がはじめてではなかった。彼女の母親は三人の白人に殺されていたのだ。しかし彼女は学校での人種統合を実現する決意を固めていた。

黒人生徒がセントラル高校へ入学することが決まると、黒人生徒のなかで誰を入学させるのか、また予測できる事態に備えて彼らに準備をさせることに細心の注意が払われた。教育委員会は最終的に「良いニグロ」と見られた九人の生徒を選んだ。後に「リトルロックの九人」として知られるようになる六人の少女と三人の少年である。この九人の小さなグループが、二千人もの白人生徒がいる学校で、実質的にはさほど重要ではないことは明らかだった。

九月三日、多種多様の白人グループが黒人生徒の入学を阻止しようとして、数えきれない事件を起こしたあとで、教育委員会は九人の生徒に次の日の授業に出席するように助言した。教育長は子どもたちを守ることを約束したが、親たちは当然心配した。教育委員会は、黒人の親の姿が見えると、町の白人暴徒を刺激することになるので、子どもにつき添って学校に来ないように、特に親たちに求めた。これまで九人の黒人生徒を励まし、学校で起こり得る事態にどう対処したらよいかを教えてきたデイジー・ベイツは、九人のうち八人の生徒の自宅に電話をし、翌朝八時半に待ち合わせ場所に子どもを連れて来るよう指示をした。そこから二台のパトカーが彼らを学校に送ってくれることになっていたのだ。しかしエリザベス・エクフォードの家には電話がなかった。かわいそうなことだが、ベイツはその計画を彼女に伝えないままにしてしまった。そして翌朝、九月四日、エリザベスは一人でバスに乗って学校に向かったのである。

　エリザベスと他の八人の黒人生徒は、九月四日、アーカンソー州兵によりセントラル高校に入ることを阻止された。フォーバス州知事は、黒人生徒がセントラル高校に入ることを阻止するために、もし黒人生徒が学校の人種統合を試みるならば「町に血が流されるだろう」と予告し、暴力沙汰の可能性をほのめかして、州兵を出動させる口実とした。さらに彼は差別主義者たちに学校に結集するように呼びかけ、深刻な危機的状況を招いたのである。

　新学期初日に人種統合の試みが無残な結果に終わったあと、フォーバス知事とアイゼンハワー大統領の間でかなり激しい議論が重ねられた。知事はその後も学校の周囲に州兵を配備し続け、教育委員会は人種統合計画の取り消しを要求したが、裁判所はその要求を再び拒絶した。事態は悪化の一途をたどり、ついにアイゼンハワー大統領は、九月十四日、フォーバスを大統領の夏の保養地であるロードアイランド州ニューポートに呼び出し、そこで直接話し合った。その結果フォーバスは差別撤廃を一年延期しようとする彼の計画をあきらめたかのように見えた。またアイゼンハワーも知事が説得を受け入れ、銃口を向けて九人の黒人の生徒を威嚇《いかく》するのではなく、彼らを護衛させるよう、州兵に命じるだろうと思っていた。

ところが九月二十日に開かれたフォーバス知事への強制命令に関する聴聞会で、フォーバスの主張が再び拒否されると、彼はアイゼンハワーが期待したようには行動しなかった。フォーバスは生徒たちが学校に入るのを阻止するために州兵を使うことをやめたが、その代わり州兵を完全に撤退させ、九月二十三日に学校に入ろうとする九人の生徒の護衛を、熱意のない地元の警察だけに任せたのである。その朝、再び白人の暴徒が学校の外に集まっていた。また四人の黒人記者が取材に来ていたが、彼らを黒人生徒につき添ってきた親だと勘違いした白人暴徒はこの四人に目標を定め、彼らを追いかけ、そのなかの一人をレンガで殴り倒した。リトルロックの九人は、そのすきに学校の横の入り口から無事に中に入り込んだ。

このようにして、黒人の生徒たちはやっと学校に入ることができたが、なかでは差別主義の白人生徒たちが騒ぎ出し、外では集まってきた暴徒の数がおよそ千人にも膨れ上がっていた。任務についていた警官たちは暴徒の数に圧倒され、彼らが学校に入ろうとするのを食い止めるのが精一杯であった。そのため校長は九人の黒人生徒全員を校長室に呼び、安全のため家に帰るように告げた。彼らは護衛をつけてもらい、無事家にたどり着くことができたが、デイジー・ベイツは、アイゼンハワー大統領本人が黒人生徒たちを守ると保証してくれない限り、セントラル高校には戻らないと、記者に語った。

その夜のテレビのニュース番組では、白人の暴徒と武装した州兵が学校を取り巻いている異様な光景を何度となく映し出した。これは重要な意味を持った。何百人もの怒り狂った白人の大人たちが怒鳴り、人種統合に反対するプラカードを掲げながら若い黒人生徒のまわりに群がっている場面を、アメリカだけでなく世界中の人々が、その夜目にしたのである。当時、テレビはまだ新しいメディアであり、この南部の黒人たちの戦いは、テレビがはじめて報道する現在進行中の出来事であった。

九人の生徒の勇気と勝利と屈辱

次の日も学校の外には暴徒が集まっていた。フォーバス知事が人種統合を命じる裁判所の決定を無視した時点で、アイゼンハワー大統領は実力行使に出るしかなくなった。彼がメモ用紙に書いたように、「軍隊は人種統合を押しつけるべきではなく、裁判所の命令に対する暴力的な反対を阻止すべき……憲法、つまり最高裁判所の憲法解釈を尊重すべき。さもなければ混沌が生じるのみ」であった。大統領自身は公民権運動に対してきわめて冷淡だったが、今回のように、堂々と州兵を出動させて、合衆国憲法に公然と歯むかうことが単純に許せなかったのである。

アイゼンハワー大統領は、第二次世界大戦下のヨーロッパの戦場で「勇壮な鷲」と名をはせた第一〇一空挺部隊、暴動に対処する特別の訓練を受けた千人を動員し、さらにアーカンソー州兵をフォーバス知事から連邦政府の直接支配下においた。大統領は、黒人生徒が学校に入るのを阻止するためではなく、彼らがキャンパスにいる間彼らを護衛するために、これらの軍隊をセントラル高校に配備した。なぜ連邦軍を派兵したのか、テレビで国民に説明した大統領は、「暴徒の規則がわが国の裁判所の決定をくつがえすことは許されない」と語った。広い意味では、南北戦争に続く再建時代以後、黒人の権利を守るために南部に「連邦」軍が配備されたのはこれがはじめてのことであった。南部の差別主義者にとって、これは「州権」の弾圧に他ならない。この「州権」という概念が差別撤廃を延期させる最大の原因となった。

夕暮れまでに、濃い黄緑色の戦闘服に身を包み、肩からはM1ライフルを提げ、折りたたみ式スコップをベルトに装着した千人の空挺部隊が、セントラル高校を取り囲んだ。

翌朝、九人の黒人生徒たちは再びデイジー・ベイツの家に集合し、今度は連邦軍によって護衛された。九人の一人、アーネスト・グリーンは、第一〇一空挺部隊が護衛をすることになった最初の日のことを思い出し、それがどんなものであったかを語っている。「僕たちの前にジープが一台、うしろにも一台走ってた。その二台には機関銃が装備されていて、ライフルを持った兵士も乗ってた。学校の前に着くと、学校全体が空挺部隊に取り囲まれていて、上空にはヘリコプターも飛んでた。僕たちは銃剣を下げた兵士に取り囲まれて、階段を上がった……あの日階段を登ったことが、たぶん今までで一番感動した瞬間だった。ついにやったぜ、と思った」学校の中に入ると、今度は一人一人の生徒にボディーガードがついた。

白人生徒のなかには新しい生徒を歓迎する者もいた。ミニージーン・ブラウンは白人のクラスメートが彼女をグリークラブに入るよう誘ってくれたことを覚えている。他の白人生徒も、黒人生徒に一緒にお昼を食べようと誘ったりした。

しかし九月三十日に第一〇一空挺部隊が引き上げ、連邦政府の指揮下にあるアーカンソー州兵が命令の遂行を任されたとたん、多くの差別主義の生徒たちが学校に戻り始めた。その結果、以前よりさらに緊張が高まり、黒人生徒に対する嫌がらせが増す結果になってしまったのだ。

九人の黒人生徒の家には、硫酸入りの水鉄砲で子どもたちを撃つぞと、脅迫の匿名電話がかかってきた。学校に行けば、彼らはその年の終わりまで毎日「二、四、六、八、人種統合、まっぴらだ！」という歌で迎えられた。学校では、つばを吐きかけられたり、悪口を言われたり、物を投げつけられたり、足を引っ掛けられたり、突き飛ばされたり、時には蹴られることもあった。彼らの椅子にはピーナツバターが塗られていたり、鋲《びょう》がおかれていることもあった。また彼らの服には、それが新品のときでさえ、インクが投げつけられることがあった。ロッカーはかき回され、本は読めなくされた。その年に報告された嫌がらせは全部で四十二件だったが、報告されていないものを含めれば、どれほどの嫌がらせがあったか、正確なところはわからない。

九人の黒人生徒は感情を抑え、仕返しをすることはなかった。しかし十二月のある日、ミニージーン・ブラウンがとうとう行動に出てしまう。アーネスト・グリーンはたくさんの白人生徒が黒人生徒を「ニガー」と呼んで、嫌がらせをしていたことを覚えている。『勝利をわれらに』では、彼女の身に起こったある事件のことが述べられている。十二月のある日、カフェテリアのランチの列で、背の低い白人生徒がお決まりの名前で呼び始めた。チリの入った皿を持っていたミニージーンは振り向くと、その中身を白人生徒の頭の上に空けたのである。「そしたら、わたしに味方する人たち、といってもみんな黒人だったけど、彼らが拍手してくれたわ。その場にいた白人の子たちはどうしていいかわからなかったみたい。少なくともその場にいた人たちにとって、黒人が仕返しをするところを見たのは、それがはじめてのことだったのよ」

ミニージーンはすぐに停学になった。一月、彼女はいじめられたり、脅されたりしたときに仕返しはしないという条件で学校に戻ることを許されたが、白人の女生徒から「ニガーの雌犬」と呼ばれた彼女は、反対にその白人の生徒を「白いクズ」と呼び、それが理由で退学になった。

嫌がらせに耐えながら、他の八人はその学年の終わりまでなんとか学校を続けた。そして一九五八年五月、アーネスト・グリーンは警察と連邦軍兵士の護衛つきで、セントラル高校を卒業する最初の黒人生徒になった。卒業式では、白人の卒業生一人一人が卒業証書を受け取るたびに会場から拍手が起こった。しかしグリーンの名前が呼ばれたとき、「誰も拍手をしませんでした」と彼は思い出している。「でもそんなことはどうでもよかった……僕は自分の目的を果たすことができたんだし」彼にとって重要なことはただ一つ、リトルロックのすべての黒人のために彼が「壁を壊した」という事実だった。

しかしこれで戦いが終わったわけではなかった。一九五八年七月、州知事に再選されたフォーバスは、人種統合に対する戦いを続け、後に南部で白人がよく使うことになる戦術に訴えた。連邦政府は、州がなんらかの形で連邦政府からの助成金を受け取る場合、公立の学校における人種統合を実施することを一つの条件にしていた。しかしもし学校が最初から存在しないのであれば、その条件も意味がなくなる。こう考えたフォーバスは、九月、あっさりとリトルロックのすべての公立高校を閉鎖してしまうのである。

一九五八年から五九年にかけての一学年、白人生徒はまったく学校に行かないか、急いで作られた白人専用の私立学校へ通った。後者の場合、「白人の逃避専用学校」あるいは「白人用高等学校」と呼ばれるようになるが、そのような急場しのぎの学校は、教育の質などはまったく考えられず、もっぱら差別を維持するためだけに作られたものだった。セントラル高校に入った生徒を含むほとんどの黒人生徒はまったく学校に通うことができなかった。この事態に連邦最高裁判所が乗り出し、リトルロックの高校を閉鎖するのは憲法違反であり、人種統合を阻止するために、このような「回避的行動」を計画することは許されないと裁定を下した。一年間の閉鎖のあと、一九五九年八月、公立高校が再開されたときはじめて、連邦政府の要求に従った人種統合が実行に移された。少なくとも南部の一つの都市において、人種統合は単なる法律上の原則ではなく、やっと現実に存在することになったのである。

第五章　公共施設の差別撤廃にむけての新たな運動

シット・イン（すわり込み）の開始

一九六〇年二月一日、黒人専用の大学、ノースカロライナ農工大学の四人の一年生がノースカロライナ州グリーンズボローの中心にある大手雑貨チェーン店、ウルワースに入って行った。彼らはその前日の夜、人種差別をなんとかしたいと話し合った結果、自分たちで行動を起こすしかないという結論に達したのだ。ジョゼフ・マクニールは店に入ると、最初に練り歯磨きを買った。彼の十七歳の友人フランクリン・マッケインは学用品をいくつか買った。それからデイヴィッド・リッチモンド、イーゼル・ブレア・ジュニアと一緒に、彼らはランチカウンターにすわってコーヒーを注文した。白人のウェイトレスの応対はこうだった、「悪いけど、ここじゃ黒人の方には出せないのよ」。

マッケインは南部に広まっているジム・クロウ法の大きな矛盾の一つを指摘した。つまり、店員は物を売るとき、黒人を客として扱い、金を「取る」が、白人の客もすわっているランチカウンターでは彼らを客として扱わないということだ。「なぜ？　二フィートむこうのレジカウンターでは売ってくれたじゃないですか。一つのカウンターでは客として扱い、もう一つのカウンターではそれができないって言うんですか？　じゃ、いっそ全部のカウンターでわたしに物を売るのをやめたらどうです」『アイズ・オン・ザ・プライズ』ではマッケインの主張に続いて、当時のアフリカ系アメリカ人の現実を象徴するような黒人の皿洗いの言葉が引用されている。カウンターの出来事にキッチンから出て来た黒人の皿洗いは彼らにカウンターから離れるように言い、あんたたちはアフリカ系アメリカ人の「恥さらし」だと言ったという。

しかし四人の学生は動かなかった。彼らが注文したコーヒーは出されることなく、四人は閉店時間の五時半まで、三十分間、ただそこにすわっていた。彼らは次の段階として、どのような行動を取ればよいかわかっているわけではなかったのだ。「それはまったく個人的なこととして始まったんだ」とマッケインは回想する。「自分たちには威厳も尊厳もないんだと考えるのが嫌で、自尊心というきわめて個人的な感情から始めたことなんですよ。何か救いを求めるなら自分たちでやるしかないと思った。だから最初はとても個人的なことから始まったんだけど、気がついてみると最後には社会的な動きになってたんだ」

二月三日、水曜日、四人が再びカウンターにすわったときには、約二十人の学生が一緒だった。午前中の半ばにやって来た彼らは一日中すわっていたが、この日もコーヒーを出されることはなかった。

シット・イン運動が始まった。ほどなく、グリーンズボローの他の安売り雑貨店でも同じような学生の姿が見られた。毎日、開店時間になると、黒人学生がカウンターの空いている席を埋め、そこで丸一日、客として扱われるのを待ち、閉店時間になると去って行った。四月までには、新しい公民権運動の組織である学生非暴力調整委員会（ＳＮＣＣ）が結成されたが、その主な目的は南部におけるシット・イン運動を組織化することだった。一九四二年にシカゴで創設された人種平等会議（ＣＯＲＥ）もシット・インを行っていたが、この新設のＳＮＣＣは南部で生まれ、その構成員がほとんど学生であることに特色があった。

店の経営者たちは、カウンターでのサービスを完全にやめてしまう者から、シット・インの参加者を「不法侵入」で逮捕させる者まで、さまざまな手段でシット・インを防ごうと躍起になっていた。多くの野次馬が集まり、カウンターの学生にケチャップ、砂糖、卵などをかけることも一度や二度ではなかった。夜には電話で、殺してやると脅迫される者もいた。

テネシー州ナッシュビルの学生たちは、学生活動家のジョン・ルイスとダイアン・ナッシュをリーダーとして組織され始めた。二人はジェイムズ・ローソンが開いていた非暴力に基盤をおく受動的抵抗運動のワークショップですでに指導を受けていたのだ。学生たちはここ数年間、南部中で黒人のための非暴力ワークショップを開いていたが、それぞれの町のランチカウンターでの差別に抗議するために、この戦略が利用されることを望んでいた。

ワークショップではロールプレイも含まれ、指導員が受講生を罵ったり、タバコの煙を吹きかけたり、嫌がらせをする役を演じ、こぶしを振り上げてくる相手からどのように頭を守るか、殴りかかっている人間と激しく殴られている人間の間にどのように体を割り込ませるか、具体的な練習をした。それは暴力を「分散させる」ためであり、誰もひどい傷を負わないようにするためであった。また彼らは、非暴力運動の哲学を一般に広めるために小さなパンフレットまで作っていたが、その一冊がノースカロライナ州の最初の四人のシット・イン実行者の手にも渡っていた。しかしシット・イン運動を急速に広めたのは、ワークショップやパンフレットよりも、若い黒人たちの高揚した気持ちであった。彼らは年長の黒人指導者に後押しされたわけではなく、自発的に運動に参加し始めていたのだ。

ランチカウンターでのシット・インが南部中に広がると、警察はこの運動の参加者を逮捕し始めた。しかし逮捕者の多くが保釈金を払うことを拒否し、裁判まで留置場にいることを選んだ。「不法侵入」や「暴動の扇動」で有罪になった者たちも罰金を払って保釈されることを拒み、その代わりに軽犯罪者を収容する郡の労役所で何週間も何ヶ月間も過ごすことを選んだ。彼らの狙いは、留置場を被疑者でいっぱいにし、自分たちを二流市民として扱った社会に法外な重荷を負わせることであったのだ。

シット・イン運動はみるみる拡大した。二月の終わりまでに、十五の都市で五十四のシット・インが実行され、その年の終わりまでには、約五万人がシット・インに参加した。若い大学生の献身的な姿と非暴力的な手法に関心を抱いたメディアはシット・イン運動を報道し、ランチカウンターに静かにすわる堂々とした態度の黒人学生を紹介した。一方白人の野次馬やごろつきたちは自分たちの醜さをさらすばかりだった。学生たちは運動に参加しても自分たちの親のように職を失う心配がなかったため、罵られたり留置場に入れられたりすることを喜んで引き受けた。彼らが恐れるものは何もないように見えた。

平等な公民権を勝ち取るための新しい抗議方法として力強く始まったシット・イン運動が刺激となり、公立図書館での差別に抗議をする「リード・イン」、公共のプールやビーチでの差別撤廃を求める「ウェイド・イン（水中歩き）」、娯楽施設の差別に反対する「ボール・イン」や「スケート・イン」なども始まった。

シット・インに続き、人種差別をしている施設のボイコット運動まで起こったため、客の多くが黒人であったグリーンズボローや南部の他の都市の商店は経済的な痛手を受け、ついに黒人の要求を受け入れ、店のランチカウンターにおける差別をなくした。それは長い戦いのなかの小さな勝利にすぎなかった。

フラッシュバック――黒人の「立場」

ジム・クロウ法が広く浸透していた南部生まれではない者にとって、違う人種の人間と一緒にすわったり、食べたり、バスの中で隣にすわるといった一見単純な行為が何を意味するか、十分に理解するのは難しいかもしれない。そこで、先に進む前に少し時間を取って、南部の白人が黒人をどのように見ていたか、また黒人がどのように振る舞うことを白人は期待していたか、振り返ってみたい。

ジム・クロウ法の時代に白人が黒人をどう見ていたかを理解するには、その時代に作られた映画を見るだけで十分である。典型的な例は、黒人を無知であるばかりでなく野蛮人としてまで描いた『国民の創生』(一九一五)である。一方、明らかな人種差別的映画『風と共に去りぬ』(一九三九)での黒人は、白人より劣った、こっけいな笑いの対象とされているものの、本質的には礼儀正しく思いやりのある人間として描かれている。これらの映画とジム・クロウ法が浸透していた南部に共通しているのは、アフリカ系アメリカ人の「立場」に関する概念である。つまり、黒人は白人とは「分離」され、すべての白人に「服従」する立場にあった。「立場をわきまえた」者は「良いニグロ」であり、どんな方法であれ、自分の権利を主張する黒人は「生意気」で「傲慢」であり、「悪いニグロ」と呼ばれた。

ジム・クロウ法が巧妙に法体系に組み込まれ、法律機関や裁判所すらそれを厳密に施行していたという事実はすでに見たとおりだが、いわゆる「人種差別的な作法」も、警察官や裁判官ではないごく普通の白人市民によって強要されていた。この「作法」は、たとえば、すべての黒人の子どもはすべての白人男性に対して「イェッサー（はい、だんな様）」、白人女性に対しては「イェス、マーム（はい、奥様）」と答えることを求められた。答えに「だんな様」や「奥様」をつけ忘れることは、無礼と考えられた。逆に黒人男性は「ボーイ」、黒人女性は「ギャル」や「ガール」と呼ばれ、名字の前に「ミスター」や「ミセス」をつけて呼ばれることは決してなく、常にファースト・ネームで呼ばれることを受け入れなければならなかった。立場が下であることを明確に示すため、白人と話すとき、黒人はいつも下を見たり、顔をそむけていなければならず、白人と接触することなどは論外だった。

人前で黒人と白人が一緒に食事をすることは絶対のタブーだった。なぜなら、それは白人と黒人が同等の者としてテーブルに着き、同じ皿の料理を口に運び、普通は家庭や家族だけに許される親密さで交わることを意味するからだ。しかし、黒人の乳母が白人の子どもを育てたり、レストランや白人の家庭で黒人のコックが料理を作ることはかまわなかった。彼らが調理場で働いたり、食事を出したりするときには、その制服が示しているように、彼らが服従する立場にあることが明らかだったからだ。家庭内の手伝いをするときは、彼らは裏口から入らねばならなかったし、白人の家庭で食事をするときには違う皿から、しかも調理場でしか食べることが許されていなかった。白人の雇い主はメイドや黒人の使用人が食べ物を「盗み」、自分たちの家族に持ち帰っているのではないかといつも疑っていた。映画『ドライビング・ミス・デイジー』（一九八九）の一場面ではまさにこのような場面があり、思いもかけない結末に発展していく。

映画館で映画を見ることも、「非常に近い距離で」「じっとすわって」一定時間を共有するため、白人は一階に、黒人は季節によって「暑すぎるか、寒すぎるか」のどちらかである二階席に、明確に分けられていた。座席だけではなく、入り口も別々で、白人用は明るく照らされた正面入り口、黒人用は外階段の暗い出入り口であった。彼らは分離された劇場に入ることはできたが、ほとんどの公園、公立図書館に入ることは許されていなかった。教会ですら、立ち入り禁止のところがあったほどだ。

小売店では、白人はあらゆる機会に、黒人が従属的立場にあることを明確にしようとしていた。白人の客がいれば、黒人は一歩下がって白人の用が終わるのを待たねばならなかった。入り口でも、黒人は白人より先に入ってはならず、白人が先に通るまでドアを開けて待たねばならなかった。さすがに白人の商店主や店員といえども、金を持った黒人の客にこの服を買うべきだと指示することはできなかったが、買い物をする過程でなんとか服従させようとしていた。黒人は洋服、帽子、手袋、また靴さえも試着は禁じられていた。許すにしても、帽子の場合には頭に布を乗せ、ドレス、シャツ、スカート、ズボンの場合には、他の服の上から試着することを許していた店が何軒かあった程度である。

これが薬や化粧品を扱い、軽食も出していた南部のドラッグストアになると、問題はさらに複雑になった。店としては、買い物をする黒人の客から金を「取る」ことはかまわなかったが、軽食を「出す」ことはまた別の話であった。一九三〇年代までに、ドラッグストアのソーダ・ファウンテン（カウンター）は白人の若者の社交場として重要な場所となっていたため、黒人は店の中で自由に時間を過ごすことができなかった。黒人が食べ物や飲み物を買うことのできる店はあったが、それを口にできるのは、白人がすわっているカウンターから離れた店の外か奥でなければならなかった。グリーンズボローの四人の黒人学生が抗議したのは、このような差別に対してであり、彼らがソーダ・ファウンテンにすわる前に、わざわざ小さな買い物をしたのはこのためであった。

道路では、黒人は歩道から車道に下り、白人に「道を譲る」ことになっていたが、それは通り過ぎるときに白人の袖に触れてしまわぬようにするためであった。さらに、電話ボックス、エレベーター、銀行の窓口、裁判所での宣誓用の聖書にいたるまで、黒人用が存在した。

そして法制度そのものが差別の温床になっていたため、ひとたび被告にされた黒人は、絶望的な状況に追い込まれることになった。一九三〇年代における黒人と白人の関係を描いた小説の傑作で、映画にもなった『アラバマ物語』（一九六〇、映画は一九六二）では、黒人の被告人トム・ロビンソンが法廷に入ると、弁護士、裁判官、陪審員、傍聴者のすべてが白人で、黒人は階上の傍聴席に限られていた。証言が始まる前から、白人男性の陪審員は被告の肌の色を唯一の根拠に有罪を確信しているようだ。ジム・クロウ法があった時代の南部の裁判はどこでも同じようなものだったが、トムも無罪を示す絶対的な証拠があるにもかかわらず、有罪となる。ただしこの映画が現実と異なるのは、トムの弁護士である白人のアティカス・フィンチが彼の無罪を確信し、白人社会から憎まれる危険を冒してまで、その無罪を証明しようとする点である。白人側の態度に変化が起こったことは、陪審員が全員一致の結論を出すまでに時間がかかっていることからも見て取れる。彼らは即座に評決を下さず、しばらく陪審員室に閉じこもり、肌の色だけで自動的に黒人男性を有罪にするのではなく、被告人の主張を本気で議論し始める。

皮肉なことに、ジム・クロウ法に基づく「作法」は、ある種の商売においては黒人に恩恵をもたらすことになった。たとえば白人が経営する理髪店、葬儀屋、病院、洗濯屋などは、黒人の客を扱うことは決してなかった。つまり、黒人が散髪したり葬式を出したりする必要がある場合、黒人の経営する店や施設に行かざるを得なかったのだ。これらの職種は人間の生活に不可欠であるため、黒人にとって確実で安定した収入を得られる商売となった。黒人用レストラン、ジュークボックスのある大衆食堂、黒人用保険会社、黒人用新聞、黒人用墓地なども白人からの差別で、逆に安定した利益を得られた。これらの職種では、黒人は白人と競争したり、白人にへつらう必要がなく、自由に仕事ができたのである。

一九六一年のフリーダム・ライド

「みんな大丈夫か?」バスの前から最初に転がり出た学生ハンク・トーマスに、一人の男が尋ねた。トーマスが答える前に、乗客を気づかうその男の態度はあざけりに変わり、突然トーマスの頭をバットで殴った。トーマスは地面に崩れ落ち、ほとんど意識を失くした。その側を慌てふためいた他の乗客が、燃えさかるバスからハイウェイわきの芝生に逃げ出していた。アラバマ州の小さな町、アニストン郊外でのことだ。レイモンド・アーセナルの力作『フリーダム・ライダーズ　一九六一年と人種的正義のための戦い』(二〇〇六)は、その日の出来事を生々しく伝えている。

アニストンでの最初の公民権運動は、憲法により保障された複数の州を結ぶ州際交通機関での人種統合を実現させようとした「フリーダム・ライド(自由のための乗車)」と呼ばれる試みで、戦いの「前線」は移動する長距離バスであった。

最初の「フリーダム・ライダー」は、一九四七年にヴァージニア、ノースカロライナ、テネシー、ケンタッキーという南部のなかでも北寄りの地域で行われた「和解の旅」に参加した黒人と白人からなる十三人のグループであった。十四年後、一九六一年にCOREによって組織されたフリーダム・ライドの戦略は、黒人と白人の混成グループが各州を連結する長距離バスで深南部へ旅行をするというものだった。州際間の交通機関は、一つの州を越えて運営されていたため、連邦政府の管轄であった。北部ではどんな人種でも、州際間運行のバスや列車のどこでも好きな座席にすわることが許されていたが、南部では座席の分離が行われ、黒人はバスのうしろにすわらなければならなかった。

フリーダム・ライダーと呼ばれるようになった彼らは、グループのなかの白人をバスのうしろにすわらせて、南部の州がどのような態度に出てくるかを試した。黒人はバスの前のほうにすわり、移動を命じられても応じなかった。休憩のため停車をするたびに、黒人のメンバーは白人専用の待合室に入り、ベンチ、トイレ、水飲み場、ランチカウンターなどすべての施設を使おうとした。リーダーのジェイムズ・ファーマーは「わたしたちの行動に南部の人種差別主義者が反応して危機的な状況になれば、連邦政府も法を実際に施行せざるを得なくなるだろうと考えていたんです」と回想している。人種差別主義者たちは彼の期待どおりに、危機的状況を作り始めた。

旅は一九六一年五月四日、ワシントンDCから始まり、ライダーたちは南部でも北寄りの州、ヴァージニア、ノースカロライナを経由して、サウスカロライナ、ルイジアナ州ニューオーリンズの深南部へ入る予定だった。彼らは機会あるごとに人種隔離に挑戦し、途中の町々で支持グループに語りかけようと計画していた。一九五四年のブラウン裁判の記念日である五月十七日にはニューオーリンズに到着する予定だった。「人種差別主義者や分離主義者は州際の旅行でも、わたしたちを妨害するためならなんでもやってくるだろうと聞かされていました」とファーマーは振り返る。「だからこのバス旅行を始めたとき、わたしたちに向けられる可能性のあるあらゆる暴力に対する覚悟はできていましたよ。死ぬ覚悟さえも」とその決意の固さを

『アイズ・オン・ザ・プライズ』は伝えている。事実、万一殺された場合を考えて、愛する者に宛てて手紙を書き残してきたメンバーもいたという。

南部のなかでも北寄りの州を旅していた最初のころ、参加者がバスの座席やトイレや食堂の分離を無視し、逆に使おうとしても何も起こらず、このような心配は思い過ごしのように思えた。小競り合いや差別的な暴言はあったものの、身の危険を感じるような暴力はなかった。

五月十四日の母の日、参加者は二手に分かれて、ジョージア州アトランタからアラバマ州バーミングハムへ向かった。一つのグループはグレイハウンド・バスで、もう一つのグループはトレイルウェイズ・バスで、一時間の差をつけて出発した。

五人の一般乗客、七人のフリーダム・ライダー、そして二人のジャーナリストを乗せたグレイハウンドは午前十一時に出発した。午後一時ごろ、バスは州境を通過し、アラバマ州アニストンの町へと向かった。その町はアラバマ州のなかでも厳しい人種差別ともっとも攻撃的で暴力的なKKKのメンバーがいることで知られていた。バスが町に入るや、乗客は歩道に並んでいる人々の存在に気づいた。それは深南部の日曜の午後に見られる光景としては異様であり、全員がバスを見ているようだった。今にも何かが起きそうな気配が町全体に漂っていた。ターミナルに着くと、そこは閉鎖されており、参加者の不安はさらに大きなものになった。静寂があたりを包んでいた。

　すると突然、アニストンのＫＫＫのリーダーに率いられた五十人ほどの白人暴徒が雄たけびを上げながらどこからともなく現れた。警官の姿はまったく見当たらない。一般乗客のうち二人は、実はアラバマ・ハイウェイ・パトロールの覆面警官で、彼らは内側からドアに寄りかかり、誰も入って来られないようにしていたが、興奮した暴徒が窓を叩き破り、バスの側面をへこませ、タイヤを切り裂くのを防ぐことはできなかった。彼らは少なくとも、ピストル一挺、指の付け根にはめて殴る金属製のメリケンサック、石、鉄パイプなどを持って来ており、バスへの襲撃は二十分も続いた。ようやくアニストンの警官がゆっくり現れたが、バスの傷を調べただけで、誰も逮捕しようとはしなかった。暴徒のメンバーと少し話したあと、警官はバスが通れるよう道を空けさせ、運転手にターミナルから出るように手で合図をした。

　パトカーはボコボコにされたバスを町の境界線まで護衛したが、そこで引き返していった。バスには三、四十台の車と小型トラックが長い列を作って続き、いつ襲撃が再開されてもおかしくない状態だった。アニストン南西の、周囲に建物がほとんどない場所に差しかかったとき、二台の車がバスの前に出て、バスのスピードを落とさせた。切り裂かれたタイヤの二つがとうとうパンクしたとき、運転手は道路の脇にバスを停車させる他なかった。

すぐに暴徒がバスを囲むと、バスを揺らして転覆させようとした。これが無理だとわかると、また二十分間、彼らは手にした武器でバスを叩きつけ、中にいるフリーダム・ライダーを攻撃しようとした。まもなく二人のハイウェイ・パトロールの警官が到着したが、暴徒を解散させる努力は何一つしなかった。すると誰かが割れた窓に燃えたぼろきれの束を投げ込み、座席に火をつけた。「わたしたちを焼き殺すつもりだわ！」女性ライダーの一人が叫んだ。バスの中はあっという間に濃い黒煙で満たされ、ライダーたちは息を吸おうと窓から這《は》い出そうとした。すると暴徒たちは前のドアを押さえ、「奴らを生きたまま焼き殺せ！」と叫んだが、燃料タンクが爆発したため彼らも後退せざるを得なかった。その隙にバスの中に残っていたライダーたちはドアから道路脇の芝生の上に飛び出した。バスの中から転がり出たハンク・トーマスがバットで殴られたのはそのときだった。

今にも炎に包まれようとしていたバスの近くに、小さな食料雑貨店があった。見物人のほとんどは遠目にバスから出る煙と炎を見ていただけだが、フリーダム・ライダーを助けようとバスにかけよった人たちもわずかだがいた。『フリーダム・ライダーズ』ではこの事件を目撃した十二歳の少女の純粋な、そして勇気ある行動とその顚末が語られている。その少女、ジェイニー・ミラーは、ＫＫＫの侮辱や罵声《ばせい》をものともせず、何度もバケツに水を汲んでは、あえいでいる犠牲者に与えに行った。この親切な行為のために、彼女は後に嫌がらせを受け、また脅されもしたため、この事件の後アニストンにいることができなくなり、彼女は一家とともに引っ越すことになる。

ライダーたちがむせ、血を流しながら地面に横たわっているときでさえ、暴徒は襲撃をやめようとしなかった。燃えるバスの座席から刺激臭のある煙が上がり、炎の猛烈な熱が二度目の燃料タンクの爆発を引き起こした。ハイウェイ・パトロールの警官が持っていたピストルがなければ、リンチが始まっていたことだろう。

このような暴力があったにもかかわらず、また暴徒がいつものKKKの頭巾をかぶったり、覆面で顔を隠したりすることもなく素顔が見えていたにもかかわらず、警官や当局関係者の誰一人として、襲撃実行者の身元や逮捕には関心を示さなかった。さらに、急いで救急車を呼ぶ者も一人として現れなかった。ライダーの数人は煙やガスを吸い込み、治療が必要だったにもかかわらず、彼らが医師の診察を受けたのはずっとあとのことだった。

白人の救急車の運転手の一人は、黒人を運ぶのをしばらく拒否していた。そして怪我人が病院に着いたときでさえ、KKKの別のグループが救急治療室の入り口をふさごうとし、病院全体に火をつけるぞと脅迫までしていた。

襲撃されたフリーダム・ライダーたち

映像が伝えたフリーダム・ライド

もう一つのグループを乗せたトレイルウェイズ・バスはバーミングハムに到着したが、やはり別の暴徒に襲われていた。すでに明らかなように、基本的に警察はＫＫＫに「協力」していたのだ。バーミングハム警察公安部長ユージーン・「ブル」・コナーは後に、バス・ターミナルに警官を配置しなかった理由を、その日は母の日で祝日だったからだと語った。しかし事実は、町に入って来るフリーダム・ライダーをＫＫＫが攻撃できるように、時間を十五分間確保するということで警察との話はついていたのだ。ＫＫＫが暴行を加えている間、警官が一人も現れなかったわけである。

さらに恐ろしいことに、ＫＫＫがフリーダム・ライダーを襲撃する十五分間は、市の警察も放置しておく申し合わせになっていることを、ＫＫＫ内部の情報提供者を通してＦＢＩも知っていたという事実がずいぶんあとになってからわかった。ＦＢＩはフリーダム・ライド参加者に襲撃のことをあらかじめ知らせたり、いかなる方法であれ彼らを護衛したりすれば、ＫＫＫの情報提供者の名声を傷つけることとなり、そのようなことはできなかったと主張した。要するに、ＦＢＩは暴力行為を容認していたのである。

アラバマ州知事ジョン・パタソンは「面倒を起こそうと思ってよそまで出かけて行けば、こういう結果になるのは当然だ」と語った。この言葉は多くの南部の白人が感じていたことを代弁していた。つまり白人社会はフリーダム・ライダーに対してほとんど同情を示さず、ライダーはみずから災難を招いただけだという態度だった。

バス会社はこれ以上バスが爆破されることを望まなかったし、当然のことながら、運転手は暴徒に攻撃されることを恐れた。しかしこのような暴力――殴られた参加者の一人は五十針を縫う重傷だった――にもかかわらず、フリーダム・ライドは続いた。最初のバスが攻撃され、爆破された一週間後の五月二十日、新たなフリーダム・ライドのグループが、飛行機やパトカーに守られながら、モンゴメリーをめざしバーミングハムを発った。しかし一行がモンゴメリーのバスターミナルに近づくと、突然、警官は姿を消した。

モンゴメリーのターミナルは気味が悪いほど静まりかえっていたが、「突然、まるで魔法のように、白人たちがそこら中に姿を見せたんだ。棒やレンガを持って。『ニガー。ニガーを殺せ』って叫びながら」と、参加者の一人はそのときのことを語っている。バス・ターミナルとその周辺にあふれた二百人もの白人たちは、フリーダム・ライダーだけでなく、テレビ・カメラやマイクなどの機材を持っている者は誰彼かまわず、タイヤレンチ、鉄パイプ、庭仕事の道具、厚板、バットなどで殴り倒した。ここでもそれを止めようとする警官は一人もいなかった。

白人のライダーの一人、ジム・ツヴァークが祈るような格好で身をかがめると、暴徒の一群が彼を襲い、「汚い共産主義者、ニガー好き、モンゴメリーじゃ人種統合なんかさせないぜ！」と口々に罵った。彼は身動きできず、何度も顔面を殴られた。目撃者の一人によれば、その残虐さは吐き気をもよおさせるものであったという。「何人かが彼を押さえつけ、白人の女たちが彼の顔をツメで引っかいてました。それから自分たちの子ども――まだ二歳にもなっていないような子ども――を抱き上げて、子どもにも彼の顔を引っかかせて。見ていられなかった。顔を背けるほかありませんでした」白人の当局者の間であらかじめ取り決められていたように、その襲撃の間、警官は一人も姿を見せなかった。そして怪我人を救助するために、救急車が呼ばれることもなかった。

警察部長のL・B・サリヴァンがようやく警官を引き連れて現れたが、一人の暴徒も逮捕しようとはせず、襲撃された誰も助けようとはしなかった。事実、ケネディ大統領が折衝担当者として密かに送り込み、バスにつき添って車を運転していたジョン・シーゲンソーラーも誰とはわからないまま、襲撃者に襲われ、三十分近く意識を失ったまま道路に放置されていた。サリヴァンは、白人用の救急車はすべて「修理中だった」と、あとになって説明している。

州や市当局がフリーダム・ライダーを護衛する責任を果たしていなかったことは、ロバート・ケネディ司法長官とケネディ大統領の目には明らかだった。アラバマ州の法務執行官が連邦政府の援助は必要ないと主張したにもかかわらず、ケネディ兄弟はこれ以上暴力を広げないために、また連邦政府の権威をこれ以上失墜させないためにも、連邦軍を送る以外に道はないと判断した。

五月二十四日、運動を続行していたフリーダム・ライダーは、二台のバスでミシシッピ州ジャクソンに向けて出発した。そこで彼らを出迎えたのは暴徒ではなく警官で、彼らはその場で逮捕された。参加者の一人、ジェイムズ・ファーマーは後に笑いながらこう述べている。「バスを降りたらすぐに、ジャクソンの警官が二列に分かれて道を作ったんだ。もちろん彼らはわたしがどこへ行こうとしているか知ってた。黒人用じゃなく、白人用の待合室に向かってるってね。だからわたしが間違いなくそこへ行けるように、まっすぐに白人用待合室に向かって二列に分かれて道を作ったんだ。裁判になったら、強制的にあそこに行かされたんだと言ってやろうと思ったくらいだよ。もうそこにしか行かせてもらえなかったんだから」ジャクソンに到着した他の参加者全員と同じように、彼も白人用の待合室に着いたとたん、逮捕された。翌日、彼らは裁判にかけられ、不法侵入であっさり有罪になり、パーチマンの州刑務所に送られた。

五月に行ったフリーダム・ライドの旅は、すぐに一般の人々の反応を引き出す結果となった。特にアラバマ州で起こった事件の犠牲を伝えるドラマティックな言葉と映像は、エメット・ティル殺害事件以後、公民権運動が作り出したもっとも影響力のあるニュースだった。アニストン郊外でのバス炎上や、バーミングハムでフリーダム・ライダーが袋叩きにされる映像は、アメリカ人にはショックだった。これで一般の人々も、アメリカ市民の小さなグループが、バスで人種に関係なく一緒にすわる権利を命がけで勝ち得ようとしていることに嫌でも気づかされたのだ。そしてこの新たな認識とともに、人種統合の実現を妨げてきた法律とは何であったのか、またなぜアメリカ人が他のアメリカ人に対してこのように暴力を振るうのか、重大な疑問が生じてきた。

その夏、三百人以上のフリーダム・ライダーが、最高裁の決定に従って人種統合を実現しようと、深南部への旅をした。刑罰をもすすんで受けようとする人たちの勇気と不屈の精神は、南部の黒人たちの想像力に火をつけ、敬意の念を起こさせると同時に、世界中の人々に感銘を与えた。ついにアフリカ系アメリカ人は、一九六〇年代のフリーダム・ソングの歌詞で歌われていた目標を実現することができたのである。

バスのうしろに僕がいなければ
どこにも僕を見つけられないなら
バスの前に来てごらん
そこから僕はバスに乗るよ

第六章　ミシシッピ州での戦い

オール・ミスの矛盾

南部での公立学校の人種統合は、リトルロック以後カタツムリのような歩みでゆっくりと進んでいたが、リトルロックの九人がはじめて登校した日から丸五年たって、教育をめぐる最大の戦い、文字どおりの戦いが、リトルロックのあるアーカンソー州の隣、ミシシッピ州で起こった。

一九五四年、最高裁判所がブラウン判決を下したまさにその年に、ミシシッピ州の黒人保険外交員メドガー・エヴァーズは、人種的な壁を壊し、白人専用のミシシッピ大学の法科大学院に入ろうと試みた。彼が入学志願をすると、州の司法長官が彼の入学希望に関して話し合いたいと、彼をミシシッピの州都ジャクソンに招いた。「彼らはわたしが本気なのか、と尋ねました」と彼は回想している。「わたしは、はい、と答えました。するとNAACPに促されたのかと聞くので、いいえ、と答えました。次にどこに住むつもりかと聞くので、『キャンパスの中です。わたしはとてもきれい好きなので、毎日お風呂に入りますが、この肌の色は消えませんよ』と答えておきました」エヴァーズの申請は却下された。提出必要書類のうち、地位のある白人ミシシッピ市民の推薦状を提出していなかったというのがその理由であった。

しかし、その推薦状があったとしても、何か他の理由で拒否されていただろう。ミシシッピ人はとにかく深南部の象徴的な白人用教育施設である「オール・ミス（Ole Miss）」（ミシシッピ大学）に黒人学生が入学するのを許せなかったのだ。「伝統的な南部の生活」の香りをそのまま残すような「オール・ミス」という大学のニックネームは、大農園の女主人に対して黒人奴隷が呼びかける際の呼称であるが、このような大学では黒人が排除されるのは当然のことであった。ミシシッピ州北部のオクスフォードの町に位置するこの大学は、州の大学フットボールではナンバーワンであり、生涯の絆を作るともいわれる男子学生の社交クラブであるフラタニティや女子学生の社交クラブ、ソロリティは二十五もそろっており、白人の大きな社交上の中心地であった。また一九五八年と五九年には連続してミス・アメリカを輩出しており、この大学には美しい白人女性がいることを印象づけていた。さらにこの大学の「男っぽさ」を強調するかのように、戯画化された南部連合軍の将校「レブ大佐」を大学のマスコットにしており、ことさらその保守性、荒々しさを売り物にしていた。大学フットボールの試合では、観客は自分たちのチームを応援するのに南部連合軍の軍旗を振るほどだった。

このような特徴を見るとオール・ミスは完全に「白人」専用の大学であるように思えるが、驚くべきことに、そうではなかった。事実、ラテン系やアジア系アメリカ人の学生を入れ、ヴェトナム、韓国、台湾、パキスタン、インドのような国から、白人ではない交換留学生を受け入れているのである。しかし大学はただ一つの人種、アフリカ系の黒人だけを排除するというまったく不合理な差別をしていた。ミシシッピ州の黒人納税者からの税金でその一部は運営されているにもかかわらず、州の人口の四十三パーセントを占める黒人に対して門戸を閉ざしていたのである。

このように入学許可に関しては人種差別的な方針を取っていたものの、フットボールと社交上の評判なども手伝い、オール・ミスは他の南部の大学と比べても、また全国レベルで見ても、比較的高い水準の教授陣と平均以上の学業成績の学生を擁していた。重要なことは、この大学がミシシッピ州において、将来のビジネス界や社会のエリート養成の場になっていたことである。

ジェイムズ・メレディスの日本体験

東京郊外にあるアメリカ空軍基地で、二十五歳の空軍三等軍曹ジェイムズ・メレディスはリトルロックの戦いのニュースを興味深く読んでいた。ハリー・トルーマン大統領が軍隊の人種統合を求める命令を出してからわずか三年後の一九五一年、彼は高校を卒業してすぐに入隊しており、人種統合されたアメリカ軍に最初に入隊した多くの黒人兵の一人であった。日本でのアメリカ軍黒人下士官としての経験は、彼に深い感銘を与えることになる。

彼にとって日本はまったくの別世界だった。他のアフリカ系アメリカ人兵士が日本での生活をどう感じたかはわからないが、一九五〇年代中ごろ、メレディスは自分が日本で経験した人種に関する寛容さに驚いていた。「日本では今まで感じたことがないほど自由だった。まず第一に、アメリカ人として扱ってもらえたんだから」とウィリアム・ドイルは『アメリカの反乱ジェイムズ・メレディスと一九六二年ミシシッピ州オクスフォードの戦い』（二〇〇三）のなかでメレディスの言葉を引いている。

一九五七年九月のある日、日本の基地の近くを歩いていたメレディスは一人の日本人の学生に出会い、二人はリトルロックでの出来事、また南部の差別について話し始めた。その学生はミシシッピ州出身の人間に実際に会えたことに驚き、またメレディスがそこに戻りたがっているることが信じられないようだった。メレディスが故郷のミシシッピ州に戻り、より良い社会を作るために戦うべきだと自分自身を納得させたのは、この出会いによってだった。

後の二〇〇〇年のインタヴューでメレディスは、「リトルロックの出来事は白人優位のシステムを壊したいと願っていたわたしにとって、非常に大きな刺激になりました。わたしたちが完全な公民権を手に入れる唯一の方法は、ミシシッピ州が保持しているよりも大きな軍隊をわたしたちの側につけることだと純粋に考えるようになりました。それより大きな軍隊は世界に一つしかありません。もちろんアメリカ軍です」(『アメリカの反乱』)と説明している。時が満ち、実際に彼は政府にアメリカ軍を使わせることになる。それは彼がオール・ミスに入学申請をしたときだった。

メレディスの入学申請

軍事力が必要だという信念をすでに抱いていたメレディスは、メドガー・エヴァーズに接近した。エヴァーズは一九五四年にミシシッピ大学への入学を拒否されたあとで、その行動力を買われ、ミシシッピ州のNAACP支部代表(ファースト・フィールド・ディレクター)になっていた。日本から戻って黒人専用のジャクソン州立大学の二年生になっていたメレディスは、オール・ミスに移りたいとエヴァーズに説明した。エヴァーズは彼に、NAACPの弁護基金のまとめ役であり、ブラウン裁判では最高裁判所でみごとな弁論をしたサーグッド・マーシャルに手紙を書くよう進言した。マーシャルはメレディスの学業成績が十分に入学資格を満たしていると判断し、合法的な手段でメレディスの入学申請を支援することに同意した。

メレディスは一九六一年に二回、入学申請をしている。一回目はジョン・F・ケネディが大統領就任宣誓をするのをテレビで見た翌日であった。それは雄弁なケネディ大統領の就任演説に鼓舞されたからではなく、民主党の選挙綱領の公民権に関する項目を実現するよう新大統領とその政権にプレッシャーをかけたかったからである。ケネディは上院議員の時代には、アメリカの黒人のためにほとんど何もしてこなかったが、当選するためには彼らの票が必要だったため、選挙運動中、連邦政府が建てた公営住宅での差別を減らすと言い、選挙のほんの数日前には、妊娠中のキング牧師夫人、コレッタ・スコット・キングに電話をし、ジョージア刑務所に収監されているキング牧師に対する同情の意を伝えた。公営住宅における差別の削減宣言と象徴的な電話がうまく作用し、ごく短期でケネディは驚異的な数の黒人票を獲得していた。黒人は奴隷を解放したリンカーンが所属していた党である共和党を支持してきており、一九五六年には、六対四で共和党が優勢であったが、一九六〇年の選挙では、七対三で民主党候補者であるケネディ支持が多数を占めていた。

しかしミシシッピでは、この選挙で目新しいことはほとんどなく、メレディスの入学申請は二回とも拒否された。彼は肌の色だけで入学を拒否されたことを不服とし、地方裁判所に訴訟を起こした。十六ヶ月の間、メレディスとNAACPの弁護士は法廷闘争に持ち込もうとしたが、州職員が必死にその訴えを回避し、遅らせ、妨害してきた。ついに、連邦第五巡回控訴裁判所が一九六二年六月二十五日、彼が「ニグロであるというだけで」入学を拒絶されたと認め、一九六二年の秋学期の入学を認可するよう命令した。決定的な対決が始まろうとしていた。

一九六二年九月二十日、二人の連邦保安官と司法省の代理人に伴われて、メレディスが学生登録をするためにキャンパスに到着した。彼を待ち受けていたのは、大学職員ではなく、ロス・バーネット州知事本人であった。バーネットは黒人を「ニガー」と呼んではばからず、「神はもともと差別主義者であったと、わたしは信じている。人種を混ぜれば、必然的に劣った混血児が生まれてしまう」と断言したこともあった。バーネットはそれまでも、自分の差別主義を強調するような発言を平気でしてきた。「ニグロがわれわれと違っているのは、神がニグロを罰するために創ったからだ。その額はうしろに傾斜している。その鼻も違う。そして肌の色はまったく違う。もしニグロが成功したいなら、われわれみんなで援助してやってもいいだろう。だが神はわれわれとニグロが交わることを意図していなかった」彼の発言は、さかのぼれば、黒人を「服を着た野蛮人」「いかなる訓練を受けても許容できる市民に変えることさえできない、怠惰で嘘つきで好色な動物」と表現し、「グレート・ホワイト・チーフ」と呼ばれたジェイムズ・キンブル・バーダマン知事にまでたどり着くミシシッピの政治的伝統に深く根づく態度にその源を求めることができるだろう。彼は「奴らの教育に金を使って何になる？せいぜい生意気な作男と横柄なコックを作るのが関の山だ」と言い放っていた。

ミシシッピの白人が人種統合に抱いていた恐怖の核心にあるのは、州権への熱狂的な執着や憲法への一方的な解釈ではなく、「性」すなわち黒人男性が一種の性的ヒステリーと白人男性に対する嫉妬を持っているのではないかという奴隷制終結以来白人が抱き続けてきた妄想的な疑念であった。したがって教育の平等によって、黒人男性が南部の白人学生と、特にオール・ミスで対等に席を並べるなどという状況が許されるとするなら、そんな教育の平等などとうてい容認できるものではなかった。バーネット知事はアフリカ系アメリカ人の登録は絶対阻止し、人種統合からオール・ミスを守る覚悟を決めていた。

州政府の最高責任者として、彼は自分自身を大学の登録係に任命し、その権限においてメレディスの入学登録を拒否した。これは法廷侮辱罪ではないかと言われると、バーネットは「わたしが侮辱しているなどと言えるあなたは何様ですか」と切り返した。

舞台裏——大統領の決断と知事の面目

メレディスとバーネット知事が最初に出会った後、知事とホワイトハウスの間では、四日間、微妙な交渉が続いていた。バーネットとしては、保守的な有権者の支持率を上げるために、人種統合絶対反対の強硬なイメージをうまく使いたいと思っていたため、ホワイトハウスの「邪悪な」人間と交渉をしていることを知られたくなかった。一方ケネディ大統領もこのような駆け引きは避けたかった。知事を困らせたくはなかったし、またその結果として南部の白人有権者の怒りを買うことは避けたかったからだ。そこで交渉はしばらくの間、秘密裏に行われていた。

もしこの交渉が公表されていたら、バーネットがアメリカに対して反乱を起こす一歩手前であったことが明らかになっていただろう。そのやり取りのなかで、ロバート・ケネディ司法長官がバーネットに、政府は連邦裁判所の命令を実行させるつもりであると告げると、バーネットは「わたしはミシシッピの法を守るつもりです。確かに合衆国憲法は国の法かもしれませんが、違うことを言っている裁判所だってあるんですよ」と答えた。司法長官が「知事、あなただってアメリカの一部じゃありませんか」と返すと、バーネットは驚くべき発言をした。「われわれはこれまでアメリカの一部だった。しかし今もそうなのかどうかはわかりません」この発言でわかるように、ミシシッピ州はアメリカ合衆国から決別する寸前であったのだ。

アーカンソー州のフォーバス知事のように、ミシシッピ州知事バーネットも差別問題を有権者の政治的支持を得る手段として考えていた。バーネット知事はテレビに出て、再建を拒んだ南部人が南北戦争を指すときの言葉をわざわざ持ち出し、オール・ミスの人種統合の脅威を「『諸州間の戦争』以来の最大の危機」と呼んだ。彼は連邦政府がメレディスを入学させるために「法的根拠のない恣意的な権力」を乱用しているにすぎないと主張した。彼は白人の恐怖と人種的プライドに訴えて、「人種統合された社会で、白色人種が純血を保って生き延びた例は歴史上一つもない……われわれは連邦政府の違法な命令に屈するか、男らしく立ち上がり、『反対！』と叫ぶか、どちらかだ」と力説した。

「州対合衆国憲法」の問題は一世紀前の南北戦争の結果によって決着がついていると批評家は説明するが、ミシシッピ州や南部に広く存在する差別主義者はバーネットの戦いへの召集号令の下に一致団結した。何千人もの白人学生や一般の人々が、体を張って、黒人の侵入から大学を守ることができると本気で信じていたのだ。

九月二十八日、ミシシッピ州上院議員が連邦政府の「警察国家的、秘密警察的なやり口」を非難した。その夜、オール・ミスのキャンパスの野球場では、巨大な十字架に火がつけられ、さらにキャンパス中央の学長館でも別の十字架が火にかけられた。十字架を燃やすＫＫＫの儀式は、その昔のブリテン人を迎え撃つハイランドのスコットランド人の儀式を真似たもので、人種差別主義の白人を団結させ、黒人に恐怖を与えるためのものであった。大学で燃やされた十字架は、メレディスと連邦政府に対する宣戦布告であった。

バーネット知事は九月二十九日、土曜日、ケンタッキー大学対ミシシッピ大学のフットボールの試合のハーフタイムで、差別主義者の熱気をさらにあおるようなスピーチをした。「わたしはミシシッピを愛している」と彼は太い声で叫んだ。「わたしはミシシッピ州民を……このしきたりを……この遺産を愛している!」群衆の心に火をつけるには、この短いフレーズだけで十分だった。「しきたり」と「遺産」が白人の優位性と差別を意味していることは明らかであり、群衆は「反対、絶対反対! われわれのシンボルをレブ大佐からオールド・ブラック・ジョーには代えさせないぞ!」というシュプレヒコールで応えた。

表向きは連邦政府に反抗するという態度を装っていたが、その裏で、バーネットはケネディ大統領とロバート・ケネディ司法長官と交渉をしていた。実際には、どんな手段を使ってでも大学を守るようにと群衆をたきつけておきながら、その直後にバーネットは大統領に電話で、自分に大学の秩序を維持できるかどうかはわからないと、あいまいに伝えたのだ。

九月三十日、日曜日、メレディスをオール・ミスまで護衛することになっていたアメリカ陸軍がメレディスを登録させるよう州に対して武力で「強制」したように見せかけてはどうかと、電話で大統領に提案したのはバーネット本人であった。こうすれば、バーネットは差別に関して一歩も譲らなかったが、流血を避けるためにやむなく譲歩したように見えるからである。そしてバーネットはミシシッピ州の差別主義者に対して面目を保ち、ケネディ兄弟が全面的に政治的非難を浴びることになる。当然、ケネディはこれを拒否した。逆に大統領は、バーネットが自分の州で全面対決することも辞さないと主張していたその相手である連邦政府と、舞台裏では密かに交渉していた事実をばらすぞと脅した。

この時点で、ケネディは連邦軍をオクスフォードに行かせることをすでに認可しており、オクスフォードではさらにミシシッピ州兵の部隊、州警察、百人以上の連邦保安官補が加わることになっていた。翌日の朝、登録が行われることになっていたが、連邦保安官たちは月曜日に対立する危険を避け、日曜日の午後、登録の前にメレディスをキャンパスに滑り込ませようとした。その夜、メレディスは、連邦軍部隊と法執行官が集まっていた学長館からそれほど遠くない人気のないバクスター・ホールの一室に入れられた。四十人の連邦保安官補がその建物と彼の部屋のすぐ外に配置され、メレディスの部屋に入ろうとするものは誰でも撃つよう命令されていた。メレディス自身は部屋に入ってしまうと、ブリーフ・ケースから本を取り出し、勉強を始めた。

このような状況下、全体で三百人にも及ぶ部隊は、連邦政府の力を挑発的に見せつけることになった。彼らはオール・ミスの中心にあり、数百メートルにわたって数十の木に覆われた、待ち伏せをするにはうってつけのサークルと呼ばれる楕円形の公園に面した学長館を取り囲んだ。まもなく保安官の前には、学生と学外から来た差別主義者の集団が姿を見せ、時がたつにつれ彼らは凶暴になっていった。学生の一人が後に語っているように、「僕らのほとんどは、(南北戦争後の)再建を認めていない反逆者だった。僕らの怒りはジェイムズ・メレディスよりも連邦政府のやり方に向いていたんだ。南北戦争が終わって百年もたっているのに、いまだに征服された地域みたいに扱われているように感じたからさ」。怒りに火のついた暴徒は軍用トラックのタイヤをナイフで突き、保安官に投げていた石も、いつの間にか小さなものから大きなものに変わっていた。メレディス到着から一時間もしないうちに、怒りを押しとどめていた堰がついに切られた。

戦場と化したオクスフォード

制服は敬意を表されるべきものであり、黒人が着ることは許せないと感じていた白人至上主義者は、常に黒人の米軍退役軍人に憤りを感じていた。二つの世界大戦といくつかの小さな紛争から戻った黒人兵は、「生意気」にも、人前で米軍の制服を着ているという理由で殴られたり、リンチにされる者さえいた。そのような白人の精神構造がその夜のキャンパスで働いていたのだろう。軍用車を運転している黒人の姿にいきり立った一人の白人が、その運転手を襲い、その黒人の顔に消火器を向けて噴射したのだ。

これに刺激された暴徒は、ビン、石、レンガなどを手当たり次第に州警察官に投げつけ、彼らを撤退させた。学生たちは車を転覆させ、手近な物を燃やして焚き火にした。

連邦保安官は全員私服を着ていたが、これはあまり戦闘的に見えないようにし、不用意に学生を刺激しないためであった。しかし彼らが身を守るために催涙弾用のマスクをつけざるを得なくなったとき、その様相は一変した。暴徒が学長館に接近するのを食い止めるために、彼らはやむを得ず催涙ガスを使ったが、興奮した群衆の一人が彼らに向けて散弾銃を発射したため、連邦保安官は安全のために駐車中の車の陰に隠れなければならなかった。二時間の間、学長館は包囲され、その間に連邦保安官の部隊は、持ってきたすべての催涙ガスをほとんど使い果たしてしまった。暴徒からはライフル銃、散弾銃が発射され、さらに次々と投げられる火炎瓶で騒乱状態はピークに達し、攻撃の手はいつの間にか学生からオクスフォードに集結してきた大人の無法者たちの手に渡っていた。連邦保安官が使うことを許可されていた唯一の武器は催涙ガスであり、銃で撃ち返すことは禁じられていたため、その戦いは一方的なものになってしまった。

バーネット知事もケネディ大統領も暴力をやめるように呼びかけたが、現場での抗議活動はすでに暴動の域に達し、いつしか全面的な武力闘争となって、学長館のまわりには二千人以上が集結していた。

リトルロックの闘争では、結果として、写真やテレビの報道が公民権運動のなかで非常に大きな役割を果たしていたため、ここオクスフォードでは、記者やカメラマン自身が標的にされ、狙い撃ちにされた。カメラは壊され、彼らは文字どおり命乞いをしながらあたりを逃げまどった。夜が更けても、暴動が治まる気配はなかった。午後十時、連邦保安官補は現場にいた副司法長官に「これはもうただの暴動ではありません。武装暴動です」と報告した。

フランスの通信社特派員で、タブロイド紙『ロンドン・デイリー・スケッチ』のフリーの特派員でもあるポール・ギアール記者とカメラマンのサミー・シュルマンがキャンパスに到着したとき、戦いは激化の一途をたどっていた。学生たちは二人に、カメラを壊されないように隠せと警告した。しかしギアールは目の前で起こっていることをどうしても伝えたいと思い、保安官と暴徒の間の最前線に向かって行った。約十分後、〇・三八口径のピストルが彼の背中をとらえ、弾丸は心臓にまで達し、命を奪った。事件後、調査が行われたが、ギアール殺害の犯人はいまだに不明である。夜中の十二時少し前、キャンパスで起こっていることを見にやって来たオクスフォードの若いジュークボックス修理工、レイ・ガンサーも同じ口径のピストルの流れ弾を額に受けた。彼は病院に着く前に死亡が確認された。どちらの殺人事件でも、起訴された者はいなかった。

ケネディ大統領はメレディスの権利を守るために、連邦軍を送ることは避けたいと思っていたが、結局、選択の余地はなかった。これは連邦政府に対する明らかな反乱であった。大統領はテネシー州の州境からアメリカ陸軍二万人を配置することを命じた。メンフィスからオクスフォードに向かうハイウェイ沿いには意図的に閉鎖されている部分もあったため、通常数時間で行けるところが、たっぷり六時間もかかってしまった。オクスフォードの町に着いて連邦軍がまず目にしたのが、暴徒が積み上げたバリケードであった。

米陸軍がオクスフォードに向かっている間、唯一の武器である催涙ガスを早くも使い果たしつつある連邦保安官を護衛するために、ケネディ大統領はミシシッピ州兵に大学構内へ入るように命じてもいた。現場の責任者である連邦保安官は「ライフルや銃剣はあったが、弾丸は持たされていなかった」と回想している。それは暴力を最小限に抑えようとしたトップからの命令であった。

州兵の部隊が包囲された連邦保安官たちのところへ着いたとき、暴徒の一人がブルドーザーを動かし、州兵の列に向かって直進させた。男は途中で降り、そのブルドーザーはコントロール不能になった。それから一台の車が保安官たちに襲いかかったが、彼らは間一髪で難を逃れた。

数時間が過ぎ、連邦軍、州兵、憲兵隊が多数到着したが、暴動が最終的に治まったのは早朝になってからだった。夜が明けたとき、キャンパスには破壊された物が散らばり、通りや歩道は火炎瓶の破片で覆いつくされ、火をつけられた六台の車からは煙が上がっていた。救急車がまだ最後の怪我人を運んでいた。この暴動のなかで、百六十人の連邦保安官が負傷したが、そのうち二十八人は銃弾を受けていた。二百人の暴徒が逮捕されたが、オール・ミスの学生はそのうちの四分の一弱にすぎなかった。

「オクスフォードの戦い」はボブ・ディランの歌、「オクスフォードの町（Oxford Town）」で後の世代にも記憶に残ることになる。肌が黒いというだけで、銃とこん棒まで使って大学に入れることを拒もうとする「狂気」を、ディランはギター一本で歌っている。その最後の一節は、あの夜の許すことのできない出来事へのレクイエムとなっている。

勝利の朝

その朝、八時を少し過ぎたころ、前日の夜を驚くほど平穏な心で過ごしたジェイムズ・メレディスは、戦いの傷も生々しいキャンパスを横切り、オール・ミスで最初の黒人として、学生登録をした。一時間後、彼は「植民地時代のアメリカ史」の授業に向かった。正午までには、さらに暴動が起こるのを未然に防ぐため、オクスフォードとその近辺には一万人を超える連邦軍が配置された。その数はすぐに一万五千人に膨れ上がり、ほとんどこの町の人口の二倍になった。

数年後、メレディスはキャンパスでの最初の夜のことを次のように語っている。「わたしは戦争に行った経験があります。（オクスフォードでは）一日目からわたしは戦場に来ているんだと思うようにしてました。わたしの目的は、その当時はケネディ政権ですが、連邦政府を動かし、一市民としてのわたしの権利を行使させるために、アメリカ軍を使わなければならない状態を作り出すことでした」

メレディスに対する嫌がらせはその後もずっと続いた。毎日からかわれ、罵られた。「アフリカに帰れ、そこがお前の居場所だ」と書かれた紙がつけられたメレディスを模した人形が窓から吊るされ、火がつけられた。メレディスと一緒に食事をした友人が寮に帰ると、部屋は荒らされ、壁に靴墨で「ニガー好き」と殴り書きされていた。メレディスが入っている寮の学生たちは、彼の勉強時間を邪魔しようと、一晩中バスケットボールをついたり、家具を動かしたりした。また彼の命を脅かす何百通もの脅迫状が届いた。その年は丸一年、メレディスは二十四時間、三百人の陸軍兵に守られ、彼が履修したすべての授業には連邦保安官の小さなチームがつき添っていた。

彼はオール・ミスに入学する以前、空軍時代に、基地内にあった他の大学の分校で十分な単位を得ていたので、一九六三年の夏には政治学士を取得してオール・ミスを卒業した。学位記を受け取るとき、彼はバーネット知事の支持者が作った「反対」というバッジをつけて壇上に上がった、ただし上下さかさまにつけて。七十一歳、背が高く、奴隷の家庭で育ちながらもひとかどの人物であったモーゼズ・メレディスは、南部の体制に挑戦した息子の成功を「息子が教育を受けられたのを見て、誇りに思うよ。あの子が求めていたのはただそれだけだった」と語っている。

州知事最後の抵抗

ミシシッピでのメレディスの勝利は連邦政府の勝利でもあるように見えたが、「反逆の雄たけび」はもう一度上がった。二人の黒人学生の入学許可を求めて、アラバマ大学に対して訴訟が起こったのだ。抵抗しても無駄であることは明らかだったが、アラバマ州知事ジョージ・ウォーレスは人種差別主義の有権者に好印象を与えるために、無抵抗のままアラバマ州一の大学に人種統合を許してしまうことはできないと考えた。結局「今ここで人種隔離を！　明日も人種隔離を！　永遠に人種隔離を！」というスローガンを掲げて白人有権者を結集したのはウォーレス自身であり、彼は簡単には屈しなかった。知事は、アラバマ大学への黒人学生の入学許可を拒むため、「校舎の入り口」に立つという有権者との約束を果たす許可をあらかじめ司法省から得ていた。一九六三年六月十一日、少々芝居がかった政治上の裏約束が果たされたあと、ウォーレスは道を空け、二人の学生と彼らを護衛する連邦保安官たちを校舎内に入れたのである。南部の州立大学における人種統合はすでに動かすことのできない既成事実となっていた。

第七章　勝利と悲嘆の一九六三年

メドガー・エヴァーズの死

メドガー・エヴァーズと妻のマーリーは、彼の命が常に危険にさらされていることを知っていた。NAACPのリーダーとして目覚しい活躍をしていた彼は、白人テロリストの格好の標的になっていた。彼の家を訪問し、玄関のベルを鳴らしたことのある友人なら、中で誰かが家具を使ってドアをふさいでいる音を聞いたことがあるだろう。窓のブラインドはいつも閉められていたし、家の中には数挺のピストルがあり、車にも一挺用意していた。誰かが家の中に発砲してきた場合には、バスタブに隠れたり、床に伏せたりするように、夫婦は子どもたちを訓練していた。

メドガーと兄のチャールズは第二次大戦が終わって軍隊を辞めた一年後の一九四六年に、投票をしようとして公民権運動を始めた。その行動が引き金となり、それ以後彼は暗殺者たちに何度も狙われることになる。彼は数年間、田舎で黒人市民を対象に保険の外交をしていたが、彼らがおかれているひどい状況を見れば見るほど、行動を起こさずにはいられなくなってきた。彼は「トイレを使わせない店でガソリンを買うな」と書いたバンパー・ステッカーを使い、経済的ボイコット運動を広める手助けをした。田舎では黒人は差別と直面せざるを得ないにもかかわらず、彼は故郷を離れるつもりはなかった。ミシシッピが間違っているなら、それを正してやろうと心に決めていたからだ。「おかしいと思うかもしれないが、わたしは南部を愛している」と彼は書いている。「ここにはわたしの子どもが遊び、育ち、そして良い市民になれる場所があるから——もし白人にその気があるのなら」

エヴァーズは黒人の発展のためには教育が不可欠であると信じていたので、一九五四年にミシシッピ大学の法科大学院に入ろうとしたが、第六章ですでに述べたように、あえなく拒否された。しかしその行動力を買ったNAACPは、エヴァーズをNAACPのミシシッピ支部代表に任命したが、そこでの仕事は、殺人を含む州内の黒人に対する残虐行為を調査し、写真を撮り、その証言を記録するというつらいものだった。エヴァーズの妻マーリーの言葉では、「ミシシッピ州の地図を見ても、頭に浮かんでくるのは地理のことじゃなくて、残虐非道な行為、ずたずたにされた遺体を隠す川や敵に支配されている村や町のことだった」という。事件のほとんどは、地元の白人警察官により単なる「偶発事故」として片づけられており、ミシシッピでは黒人が殺されても、大したことではないかのような扱いであった。しかしエヴァーズはこういう空気を変えてやろうとむしろ燃えていた。彼は、幼いころに家族の友人がリンチにあった後で父親と交わした会話をずっと覚えていた。

「パパ、どうしておじさんは殺されたの？」

「そうだな、ただ黒人だったからさ」

「じゃ、パパも殺される？」

「奴らの気に入らないことをしたら、きっとそうされるよ」

エヴァーズはミシシッピに生きる黒人の苦悩と恐怖がそのようにそっけなく語られたことを忘れることができなかった。

NAACPで働き始めた最初の年、彼はミシシッピ州の小さな村、マニーに行った。シカゴから来た十四歳の少年、エメット・ティル殺害事件に関する証拠と目撃者を探すためであった。

エヴァーズが強力なV8エンジンを搭載した大型のオールズモビルを購入したのは、調査で州のなかを走り回るためだったが、こんなに大きな車体と強力なエンジンを持つ車を買ったのは楽をするためではなく、まして見せびらかすためではなかった。郊外の人気のないハイウェイで白人の車にぶつけられても道路から押し出されないように重く、また追いかけられても簡単に相手を振り切れる速い車が必要だったからである。実際、調査の間、彼は何度も時速百マイルで追っ手から逃れていた。また黒人の客を泊めてくれるモーテルが見つからないこともあるので、寝るのに十分なスペースのある車が欲しかったのだ。八年間、彼はミシシッピ州を旅し、暴力事件がどこで起こったかを記録していった。一九六一年にジェイムズ・メレディスとはじめて会ったエヴァーズは、自分の入学を拒否したミシシッピ大学が人種統合されていく過程でメレディスを支援した。

活動的なエヴァーズには絶えず危険がつきまとっていた。しかしあの日は特別だった。その日、彼は電話で三回妻と話し、そのたびに「覚えておいてくれ、僕がどれだけ君を愛しているか」と言っていた。その夜、ケネディ大統領がテレビとラジオで全国民に向けて、新公民権法案を議会に提出することを発表してからまもなく、エヴァーズはＮＡＡＣＰの州支部の事務所を出た。新しく提出する法案の核心は、すべてのアメリカ人が平等な権利と平等な機会を共有できるかどうかということであると、ケネディは語っていた。大統領は一般的な概念から実際的な問題へと話を進めていた。

もし肌の色が黒いという理由だけで一人のアメリカ人が誰でも入れる普通のレストランでランチを食べることができないなら、もし通うことのできるもっとも良い公立校に子どもを入れることができないなら、もし自分の意見を代弁できる議員に投票できないとするなら、要するに、もしその人が、われわれ誰もが望む生活を十分に、そして自由に享受できないのなら、一体誰が肌の色を変えて、その人の立場に立つことを受け入れるだろうか。一体誰がもう少し我慢しなさい、待ちなさいという助言を受け入れられるだろうか。

この演説で、ついにアメリカの大統領もアフリカ系アメリカ人が抱いてきた長年の希望を語ってくれるのではないかと、エヴァーズや他の人たちも思ったにちがいない。彼は自分の車に向かい、「ジム・クロウ（黒人差別法）よ、去れ」と描かれたTシャツを腕いっぱいに抱えて家路についた。

夜中の十二時を少し過ぎたころ、自宅に着いたエヴァーズは車を車道からカーポートに入れ、車のドアを開けて、玄関に向かった。通りの反対側の木陰では、地元の白人市民会議の熱狂的なメンバー、バイロン・デ・ラ・ベックウィズがエヴァーズの帰りを待っていた。彼は六倍のスコープで狙いを定め、一九一七年製エンフィールド・ライフルをエヴァーズに向けて発砲した。弾丸はエヴァーズの背中を貫通した。

血を流しながら、エヴァーズはカーポートから家の裏口まで、約四十フィートを這っていった。家の中から妻のマーリーと三人の子どもが彼のそばに走り寄り、彼を抱えたが、すでに虫の息だった。子どもの一人が叫んだ、「パパ、どうしたの？」。最後の言葉は黒人霊歌のように、寓意的だった。「楽にしてくれ（解放してくれ）」その後一時間もしないうちに、暗殺者の弾丸に倒れたエヴァーズは病院で息を引き取った。一九六三年六月十二日のことである。公民権運動の時代に暗殺された最初の政治的指導者であった。

映画『ゴースト・オブ・ミシシッピー』（一九九六）はこの暗殺に続く出来事を正確に描いている。暗殺から一週間後、エヴァーズは敬意を表してワシントンDCの郊外にあるアーリントン墓地に埋葬された。デ・ラ・ベックウィズはすぐに殺人の容疑で逮捕された。彼の指紋がスコープから見つかったが、彼はライフルとスコープは暗殺の二、三日前に盗まれており、殺人があった時間にはジャクソンから九十六マイルも離れたミシシッピ州グリーンウッドにいたと主張した。ベックウィズのために用意された大きな独房には、テレビやタイプライターが用意されていた。

ミシシッピ州の白人が黒人を殺害して裁判にかけられるというのは、公民権運動にとっては小さな前進であった。しかし法廷では相変わらずであった。公民権のために活動をし、その結果、特にエヴァーズのように多くの白人を敵に回した黒人を殺しても有罪判決を受けることはない。デ・ラ・ベックウィズ本人だけでなく、白人はみなそう確信していた。その自信は根も葉もないものではなかった。この裁判の審理中、全員白人の陪審員が見守るなか、妻のマーリー・エヴァーズ本人が証言台で証言をしているそのときに、ミシシッピ大学を戦場にしたことで悪名高い前ミシシッピ州知事ロス・バーネットがズカズカと法廷に入って来るや、被告人のテーブルへと歩み寄り、被告の暗殺犯と握手をしたのである。『ゴースト・オブ・ミシシッピー』では法廷にいた二人の記者のやり取りが当時の状況を正確に伝えている。「あんなことを平気でさせる法廷はアメリカにはない」と一人の記者が言うと、もう一人が「だがここはミシシッピだぜ」と答える。つまりミシシッピはまったく違う世界だということだ。確かに多くの点でミシシッピは他のアメリカの州と違っていた。

有力な証拠があるにもかかわらず、デ・ラ・ベックウィズの二回の審理で、陪審員は二回とも評決不能という結論を下した。彼が故郷に戻ると、パレードが行われ、「祝　帰還」と書かれた小旗が翻っていた。

ボミングハム——爆弾都市バーミングハム

「バーミングハムはたぶんアメリカで、人種隔離がもっとも徹底された町である」とキング牧師は言っていた。一九六二年までに、市は公共施設での差別廃止を命じる連邦裁判所の命令を避けるため、六十八の公園、三十八の遊園地、六つのプール、四つのゴルフコースを閉鎖した。

またバーミングハムは黒人にとって、アメリカでもっとも危険な町の一つでもあった。恐ろしいことに、一九五七年から一九六三年の間に、黒人居住区とユダヤ教のシナゴーグでは爆破事件が十八回もあり、そのどれも未解決のままである。あまりに爆弾（＝bomb）事件が多いので、この町は「ボミングハム」と呼ばれるほどであった。ロバート・「ダイナマイト・ボブ」・チャンブリスとトーマス・E・ブラントン・ジュニアを含む爆破実行犯らはKKKのメンバーであった。彼らは基本的に町の白人指導者の汚い仕事を請け負っていたが、なかには元軍人で爆薬の専門家もいたし、この町の主要産業である鉄鋼業で採石工や鉱夫として働いているうちに爆薬の使い方を覚えた者たちもおり、爆弾に関してはプロが多かった。彼らの手口は警告もなく、とがった白い頭巾もかぶらずに、夜、爆破を行うというものだった。バーミングハムにおいて、KKKのメンバーを法の執行機関と結びつけていた男は他でもない、強大な影響力を持つ警察公安部長ユージーン・「ブル」・コナーであり、彼こそバーミングハムでキング牧師とフレッド・シャトルワース牧師が展開した公民権運動で「主役」となった中心人物である。

「ブル」・コナーは公民権運動をつぶす準備として、市の消防士を暴動の訓練に送ったり、警察犬部隊を新たに作ったりした。一九六一年、フリーダム・ライドを妨害するために、彼は汚い仕事を非常に熱心にKKKにやらせていた。すでに第五章で見たとおり、バーミングハムにバスが到着するスケジュールを知ったコナーはKKKと取り決めをしていた。実際には市の警察本部は通りを隔ててグレイハウンドのバス・ターミナルの反対側にあったにもかかわらず、彼はKKKのメンバーに、フリーダム・ライダーを襲撃する時間をたっぷり十五分保証しようと伝えたのだ。噂によれば、コナーはもし黒人が白人用の休憩室に入ったら、「ブルドッグに嚙みつかれたみたいになるまで」KKKのメンバーが痛めつけることになるだろうと言ったと報じられている。万一KKKのメンバーが保証された十五分を超えてそこにいて、逮捕せざるを得なくなったとしても、この騒動は黒人が始めたと主張することになっていた。バス・ターミナルで「お迎えする」メンバーには、KKKのなかでももっとも屈強な者、六十人が慎重に選ばれていた。

最初のバスがバーミングハムに到着する直前、白バイの警官の一人は巡査部長から、バス・ターミナルから六ブロック以内には近づかないように命令を受けた。「もしバス・ターミナルに急行せよと要請があっても、無視しろ」と言われていたのだ。バーミングハムでのアフリカ系アメリカ人の前進をあらゆる手段を使って拒んだのは、KKKと警察、そして警察公安部長をも含んだこのような協力体制であった。

バーミングハムでの第一歩

「バーミングハムがうまくいけば、南部ではどこでもうまくいく」多くの人がそう考えていた。一九六三年一月、南部キリスト教指導者会議（ＳＣＬＣ）はバーミングハムでの人種差別を撤廃させる計画に乗り出した。ＳＣＬＣをキング牧師とともに創設したのは地元の黒人牧師シャトルワースであった。彼はこの町の黒人の地位をまともなものにしようとして、家族ともども暴行を受け、家を爆破され、襲撃され、牢に入れられる経験をしてきた人物だ。シャトルワース牧師は並外れた勇気を持ち、「バーミングハムの野生児」と呼ばれるのもうなずけた。彼は「差別がわれわれの息の根を止める前に、差別の息の根を止めてやる」と宣言していた。ＳＣＬＣは「対決（confrontation）」の頭文字をとり、その計画を「プロジェクトＣ」と呼んだ。

この計画は公民権運動のなかでもっとも厳しい戦いの一つであるが、もしこれが成功すれば、南部、それどころか国中のすべての人種差別に致命傷を負わせることができるかもしれないと彼らは考えていた。シャトルワース牧師はバーミングハムの人種差別主義者と当局の関係を皮肉まじりに「もしＫＫＫが君を捕まえなければ、警察が捕まえる。警察が捕まえないなら、裁判所が捕まえるだろう」と格言風に語っていたが、それは当時の南部の他の多くの都市にも当てはまる現実であった。彼はバーミングハムで人種統合を実現しようとすればどのような目にあうか、十分に認識していたはずだ。

プロジェクトCの本部となったのは第十六番通りバプテスト教会であった。壮大な計画は市の中心部の商業地区をターゲットとし、四月のはじめに始動することになった。イースターはクリスマス同様、小売業者にとっては一年中で重要な稼ぎ時であったからだ。黒人は市の人口の約四十パーセントを占めていたので、町の中心部の商店街にねらいを定め、不買運動を展開し圧力をかけることで、黒人の客にも白人と同等の扱いをさせることができると考えたのである。また彼らは市の実力者やこの町の鉄鋼産業のほとんどを所有している北部の企業に対してマイナス・イメージを与えることができ、大きな打撃になるだろうと期待していた。

バーミングハムでは大きな集会が何度も開かれ、行進やデモ参加者たちの団結力と熱気が高まっていった。なかでも音楽ほど参加者たちの心を奮い立たせたものはなかった。特に「勝利をわれらに（We Shall Overcome）」「ああ、自由よ（Oh, Freedom）」「百パーセントでなけりゃ（Ninety-nine and a Half Won't Do）」「わたしの小さな光（This Little Light of Mine）」など、運動から生まれたフリーダム・ソングは特にそうであった。

抗議行動がランチカウンターで始まると、シット・イン参加者は逮捕され、投獄された。公民権運動に協力するグループは寄付金を集め、逮捕された参加者を釈放するための保釈金にした。この方法は十分な資金がある間はうまくいっていたが、時がたつにつれ、資金も不足がちになっていった。この大きな抗議運動の指導者として、キング牧師は一つの大きな決断を下す。彼自身が逮捕され、牢獄に入れられるのだ。四月十二日の聖金曜日（受難日）——宗教的な意味は誰の目にも明らかだった——キング牧師は行進し、すぐに逮捕され、投獄された。このことにより、国中のメディアが対決の最前線であるバーミングハムにひきつけられた。

キング牧師が刑務所にいる間に、ある白人牧師の投書が地元バーミングハムの新聞に掲載された。その白人牧師はアフリカ系アメリカ人に、変化が起きるのを「辛抱強く待つ」ように諭していたのだが、キング牧師はその新聞の余白に力強くその返事を書き始めた。結局この返事は六千五百語にも及び、後に「バーミングハム刑務所からの手紙」と題され、一九六四年に出版された『黒人はなぜ待てないか』に収められている。キング牧師の長い「手紙」からは、ジム・クロウ法の下で苦しんでいるごく普通のアフリカ系アメリカ人の声が聞こえてくる。

たぶん差別の鋭い矢を受けたことのない人にとって「待て」と言うのは簡単なことだろう。
しかし目の前で、悪意をむき出しにした暴徒が勝手にあなたの母親や父親をリンチにあわせたり、妹や弟を気まぐれで溺れさせたりするのを見たなら、あるいは憎しみに満ちた警官が黒人であるあなたの仲間に対して悪態をつき、蹴り、時には殺しさえするのを見たならば、あるいは二千万人の黒人の仲間の大多数がこの豊かな社会のただなかで貧困という密室の籠の中で窒息しそうなのを見るならば、あるいは六歳の娘にテレビでたった今宣伝していた遊園地になぜ行くことができないかを説明しようとして突然舌がもつれたり、口ごもったりするのに気づき、あの遊園地は黒人の子どもたちは行けないのだと聞かされた娘の目から涙があふれるのを見るなら……なぜ待つことがわたしたちには難しいのかわかるだろう。

キング牧師の獄中生活が長引くにつれ、デモの支持者が減り始めたので、四月二十日、キング牧師と常に彼の片腕だったアバーナシー牧師は保釈金による釈放を受け入れることにした。

襲いかかる高圧水と警察犬

プロジェクトCの次の作戦はバーミングハムの黒人の子どもたちをデモ隊として使うことだった。黒人の親は自分たちが投獄されれば職を失い、家族を養う手段が断たれることを当然恐れていたので、指導者たちはそのような責任を背負っていない若者をデモに参加させることに決めたのである。高校生の少年少女が投獄されるという衝撃が、市や中心地の商業にダメージを与えることも当然視野に入っていた。小学校の児童も喜んで行進に参加することを表明し、結局、教会の構成員になれる年齢に達している子どもならば誰でも行進に参加できることに決まった。その年齢は六歳であった。

五月二日、小学生は目が覚めると、みんなWENNのラジオをつけた。黒人のDJが「さぁみんな、公園でパーティーがあるぞ。ランチも出るから、歯ブラシを持って来てね」と秘密のメッセージを込めて語っていた。もちろん、その歯ブラシは留置場での食事のあとで使うためであった。朝の八時までに、第十六番通りバプテスト教会は黒人の若者たちでいっぱいになった。午後一時ごろ、黒人の大人たちが脇から喝采を送るなか、彼らの最初の列が行進をするために手拍子をしながら教会を出発した。警官が近づくと、若者たちは慣れた様子でひざまずき、祈った。ほどなく四つの列が「変わらぬ固い決意（Ain't Gonna Let Nobody Turn Me Around)」や「どっちの味方？（Whose Side Are You On?)」を歌いながら、同時に違うルートで行進を始めたが、近寄って来た警官が彼らを逮捕し、皮肉にもスクールバスで子どもたちを留置場に連行した。その日の終わりまでに、六歳から十八歳までの九百五十九人の子どもがバーミングハムの留置場に連行された。

翌日の五月三日、千五百人の子どもたちが学校を休み、行進をするために教会に集まった。しかし事態は前日とは違っていた。

前日と同じようにデモ隊は一時に教会を出発した。五番街北から第十七番通り、バーミングハムの白人居住地区の端に向かうと、彼らは行く手をふさがれていることに気づいた。右手に黒人の見物人、左手にケリー・イングラム公園、そして前方の通りには警官と消防士の隊列が待ち受けていた。コナーが叫んだ、「警官の列を越えるな。これ以上近づいてみろ、消防ホースを向けるぞ」。

しかし行進は警官と消防士の列に向かって進んだ。消防士は最初、まるで賞を取った花に水をやるように、霧のような細かい水をホースの先から行進者めがけて放水していた。しかし消防士が「モニター・ガン」のスイッチを入れると、二本のホースからは最高圧力を加えられた水が噴射され、あたりは大混乱となった。一インチ四方あたり百ポンド（四十五キロ）の圧力で噴射される水は、百フィート先の木の樹皮も簡単に剝がすことができ、至近距離であれば骨を砕くほどの威力を持っていた。すわっていた者たちは歩道から吹き飛ばされ、逃げようとした者は建物のドアに押しつけられ、あるグループのリーダーは凶暴な水の攻撃を受け、シャツが体から引きちぎられた。行進を続けた者たちは道路わきの溝に投げ飛ばされた。それでもす

デモ参加者への放水
© Charles Moore/Black Star

べての行進を止めることはできなかった。

「犬を連れて来い！」コナーが叫んだ。六頭の警察犬がリードをちぎれんばかりに引っ張りながら、警察の列の前までやって来ると、デモ参加者に襲いかかった。ヘンリー・シャンブリーはズボンを引き裂かれ、腕、足、そして腰まで嚙みつかれた。色の濃いサングラスをかけ、緊張した表情の白人警官が、身長六フィートの黒人の高校二年生、ウォルター・ガズデンの胸をつかんで引き戻し、ジャーマン・シェパードが飛びかかれるように押さえた。この場面を隠しカメラでとらえた写真は、その日のバーミングハム警察の暴力を象徴する写真となった。その黒人の少年は警官の手首を押さえ、犬を冷静に見下ろして、「消極的抵抗」の理念を体現していた。

消防士が行進参加者とケリー・イングラム公園に集まった大勢の見物人に向けてホースを開栓したとき、将来のアトランタ市長になるアンドルー・ヤングもその現場にいた。「水の勢いは人を吹き飛ばすほどすさまじく、行進参加者は水から逃げようと叫びながら公園をかけぬけ、次第に行進の列は崩れていきました。するとコナーは荒れ狂う警察犬を使って、おびえる子どもたちを追いかけるように警官に命じ、恐ろしいことに、何人かの警官が犬のリードを手から放してしまったんです。警官たちは公園の中を走り回り、行進参加者、見物人、記者、行く手

警察犬に服を引き裂かれる高校生
© AP Images Photo/Bill Hudson

にいるものは誰彼かまわず、警棒でめった打ちにしていました」。「黒人社会全体が、キング牧師を先頭に一瞬にして一致団結した」のはそのときだったと、この行進の参加者の一人は後に語っている。バーミングハムの外では、何百万という人々が、警官と消防士が若いデモ隊員を攻撃する場面を、恐怖で唖然としながら見つめていた。警察犬と消防ホースによる襲撃が、その日のテレビの夕方のニュースを独占していたのだ。翌日の全国の朝刊は、ウォルター・ガズデンが静かに警察犬の攻撃を和らげようとしている写真を掲載していた。

行進の参加者は増える一方だった。五月七日までに二千六百人のデモ隊が留置場に入れられたが、その数があまりに多かったため、バーミングハムの留置場だけでは足りず、州の共進会場を臨時留置場にしなければならなかった。同時に激しい放水と警察犬はニュース材料の定番となった。

実業界のリーダーたちは、市の中心の商業地区がこうむる損害を心配して、問題解決に向けた交渉を急ぎ、五月十日に、ランチカウンター、トイレ、試着室、水飲み場における差別撤廃と、事務職や販売員に黒人を雇う計画を発表した。拘留されていたデモ隊員全員が釈放され、結局すべてが不起訴となった。妥協点は差別撤廃への移行は段階的に行うという一点だけであった。

バーミングハムでの計画は成功したように見えたが、その発表がなされたまさにその夜、郊外で集会を開いたKKKが、バーミングハムで牧師をしているキング牧師の兄の家と、キングが滞在していた黒人経営のガストン・ホテルを爆破した。その結果起こった暴動を鎮圧するため、ケネディ大統領はついに市の役員や警察の上層部の反対を無視して、近隣の軍基地から連邦軍を派遣した。

一九六三年八月二十八日、ワシントン大行進

六月十九日、ケネディ大統領は、バーミングハムや他の都市でも同じように起こっていた「不満の爆発」を部分的にでも解消するために、全国放送のテレビで、ホテル、レストラン、劇場、小売店など、公共に開かれた同様の施設において、すべてのアメリカ人が客として扱われる権利を保障する法律を制定するよう議会に依頼することを発表した。法案は差別を違法とするもので、差別が行われている場合は、連邦政府主導の計画に対する政府からの予算を削減するものであった。また六年間の教育を受けた者には誰でも投票権を認めるという内容であった。

主要な公民権運動団体は法案を議会で通過させるために、一般の人々もこの法律制定を求めているかとを表明できるデモ行進をすぐに計画し始めた。彼らは一八六三年のアブラハム・リンカーン大統領の奴隷解放宣言百周年記念に、首都ワシントンへ一団となって行進することを決定した。

NAACPの古参の指導者、A・フィリップ・ランドルフとCOREのリーダー、ベイヤード・ラスティンにより組織されたこの行進の目的は、「実」のある公民権法の成立を要求することであった。彼らはその年の終わりまでに公立学校での差別撤廃を求め、さらに公正な雇用を保障し、職場での差別をなくし、職業訓練や就職斡旋を促進する法案の成立をめざしていた。バーミングハムでのことがあったので、ケネディ大統領は暴力沙汰になることを恐れ、公民権運動の指導者に行進を中止するよう説得しようとした。彼はまたこのようなデモは、今回の公民権法の成立を遅らせたり、あるいはつぶしてしまう可能性があることを恐れていた。

主催者は十万人がこの行進に参加することを見込んでいた。計画では午前九時までに参加者を全国からワシントンに集め、日暮れまでに帰すというものであった。人々はこの行進のことを地元の教会や公民権運動のグループから聞いていた。主催者は約二千台の「フリーダム・バス」と三十台の特別「フリーダム・トレイン」をチャーターして準備をし、これらを行進の当日にワシントンに集結させた。行進には二十五万人以上――そのうち六万人が白人であった

——が参加し、アメリカ史上、人権に関する最大のデモとなった。彼らはごく普通の労働者であり、その多くは仕事を三日間休み、おそらくこの運動のために声を上げようと、生活を切り詰めてなけなしの金を使ってここに来ている人たちであった。

リンカーン記念堂では、オデッタ、ジョーン・バエズ、ジョッシュ・ホワイト、ボブ・ディラン、ピーター・ポール＆マリーなどのミュージシャンが、集まった群衆を楽しませた。マリアン・アンダースンは「主は世界をその御手に（He's Got the Whole World in His Hands）」を歌い、ゴスペル・シンガーのマヘリア・ジャクソンは「なぐられ、ののしられても（I've Been 'Bucked and I've Been Scorned）」を歌った。リンカーン記念堂の前では多彩な公民権運動の指導者たちが十人ほど、演説を行った。その演説の内容も、提案された公民権法案はあまりに規模が小さく、あまりに遅すぎたと激しく非難したSNCCのジョン・ルイスから、この行進は仕事と自由のための「道徳的革命」であると宣言したA・フィリップ・ランドルフまで実に多様であった。そしてこの行進のハイライトは、公民権運動指導者のなかでももっとも人気のある人物、キング牧師の演説であった。

あまりに有名になったキング牧師の演説のなかには、人種間の問題解決があまりに遅いことに耐えられず、不満をつのらせていた黒人たちが深く共感した部分があったが、この個所を覚えている人は少ないだろう。

しかし（奴隷解放宣言から）百年たった今でも黒人はまだ自由ではありません。百年たった今でも、黒人の生活はまだ隔離の手かせと差別の鎖でしばられ、悲しく、不自由です。百年たった今でも、物質的繁栄の大海原のなかで、黒人は貧困という孤島で暮らしています。百年たった今でも、黒人はまだアメリカ社会の片隅で惨めな生活をし、自分の国にいながら、自分が追放者であることに気づかざるを得ないのです。だから今日、わたしたちがここに来たのは、この恥ずべき状況を劇的に明らかにするためなのです。

よく知られているとおり、この演説の後半でキング牧師はトーンを変え、人種間の統合と調和というこの日のメッセージ、すなわち黒人と白人が互いに尊敬し合いながら平和のうちに共に暮らすことができるという信念にスピーチを集約していく。「わたしには夢がある」という演説は一連の公民権運動のなかで象徴的瞬間となった。哲学と黒人バプテスト教会の説教で培われた伝統的な弁論術を融合して、キング牧師はアメリカがどんな国になれるかを語り、その核心部分では、この国が「子どもたちを肌の色ではなく、一人一人の個性により評価できる国」になれるだろうと述べている。

この行進は大成功であり、メディアによって広く報じられた。膨大な数の人たちが参加したにもかかわらず、大きな妨害もなく、多くのアメリカ人は黒人と白人が衝突したり戦ったりするのではなく、静かに並んで行進している姿をはじめて目撃したのである。波乱に満ちたキング牧師の生涯でも、これが頂点であることは誰の目にも明らかだった。

しかし希望と決意に満ちたキング牧師の演説で高まった期待と、黒人と白人が平和のうちに共に暮らすことができるはずだという信念は、わずか十八日後に打ち砕かれた。

第十六番通りバプテスト教会の爆破

九月十五日、日曜日。バーミングハムの第十六番通りバプテスト教会の青年聖歌隊は十一時の礼拝で音楽奉仕を行うことになっており、そのほとんどのメンバーは教会の地下で教会学校のクラスに出席していた。フリーの写真家と教師の娘である十一歳のデニース・マクネアは、皮肉なことに「ホワイティ」という名の犬を飼い、この犬に夢中だった。最近では黒人と白人の子どもたちとニワトリの物語を創作し、イラストも描いていた。彼女はきちんとアイロンのかけられた白いドレスを着て、肩まで伸びた髪には丁寧に櫛《くし》とブラシが入れられていた。彼女と一緒に教会の地下にいたのは、シンシア・ウェスリー（十四歳）、キャロル・ロバートソン（十四歳）、アディ・メイ・コリンズ（十四歳）だった。

十時二十二分、突然爆発が起こり、教会の上に火柱が上がった。閉められていたドアは飛ばされるように開き、壁が揺れた。白い煙が教会にあふれ、吹き飛んだレンガや石、針金、ガラスが近所に降りそそいだ。地下では、教会員が瓦礫《がれき》の下に横たわる四人の遺体を見つけた。衣服は吹き飛ばされていた。

すぐに逮捕者は出なかった。町の黒人で、犯人が逮捕され、起訴されるだろうと楽観的に考える者はほとんどいなかった。今回の事件も「ボミングハム」の名前を定着させる悲劇的な爆破事件がまた一つ起こったにすぎないように思えた。第二次世界大戦後、この町でアフリカ系アメリカ人の家や建物が爆破されたという報告は五十件あったが、そのなかで解決されたものは一つもなかった。五十一番目のこの事件に答えや報復を期待できないとしても不思議はないだろう。この種の犯罪ではじめて有罪を宣告されるのは一九七七年になってのことである。

大統領の暗殺

一九六三年初冬、アメリカは重苦しい空気に包まれる。十一月二十二日、ジョン・F・ケネディ大統領が、テキサス州ダラスで暗殺されたのだ。アメリカの公民権運動の歩みは、ここで突然止まったように思えた。しかしリンドン・ベインズ・ジョンソンが大統領としての宣誓をしたあと、最初に行ったことの一つがケネディによって提案された公民権法案を可決させることであった。彼は上下両院合同会議で、「ケネディ大統領がそのために戦ってきた公民権法案をできる限り早く可決することこそ、前大統領の遺徳をしのぶ最高の記念となり、追悼となるだろう」と語った。法案が議会で可決されるまで一年以上かかった。しかし、とにかく法案は可決されたのである。

第八章　一九六四年の長く暑い夏と約束の地

クー・クラックス・クランの復活

南部の黒人に対する脅迫の始まりは、奴隷制時代に黒人奴隷が門限を守っているか、そして雇い主が発行した「許可証」を持っているかどうかを調べるために夜、馬に乗って敷地内を回る白人の「パトロール隊」である騎馬暴力団員、つまりナイトライダーであったといっていいだろう。彼らの究極の目的は、反乱の芽を摘むために、奴隷たちが許可なく移動したり、集会を開いたりするのを禁止することであった。一八六五年に南北戦争が終結した後も、白人のグループはしばしば闇にまぎれて解放された黒人を脅し続けた。最初のうちは、暗闇の中で行っていたので、変装や覆面をする必要はなかった。夜、馬に乗った白人グループが現れるだけで、ほとんどの黒人は恐れおののいていた。

一八六六年の夏、テネシー州で、元南部連合軍の六人が最初のKKKを作り、黒人が新たに手に入れた自由と市民としての権利（公民権）を主張しないように彼らを脅し始めた。また自由民となった黒人は白人男性を社会的、政治的、経済的頂点に位置づける伝統的な南部のピラミッド社会を転覆させる恐れがあるとして、黒人と組もうとする白人がいれば、それが誰であるにせよKKKは脅しにかかった。黒人は「生意気だ」「共和党へ投票した」といったことから、作物の出来が良い、金持ちになったといったことまでが「犯罪」にされ、あらゆる理由で鞭打ちを食らった。強姦の疑いをかけられたり、人種間のモラルを侵害したとしてリンチで殺される者もいた。結局KKKの暴力は目にあまるようになったので、一八七〇年と一八七一年に連邦法により非合法化されたが、黒人への暴力は相変わらず続いていた。実際、一八九〇年から一九一〇年までは特にひどく、南部で数千のリンチが行われたが、それらは特に正体を隠したKKKによるものではなく、憎悪と変化に対する恐怖に駆られたごく普通の白人が行ったものであった。

一九一五年、伝説的映画監督D・W・グリフィスが、トーマス・ディクソン・ジュニアの小説『クー・クラックス・クラン　革命とロマンス』（一九〇五）を映画化し、成功させたとき、彼は単なる南部文化ではなくアメリカ文化に根づく排他主義の波をとらえていたのだ。この映画『国民の創生』が説いているのは、黒人は市民権を持つにはふさわしくなく、頭巾をかぶった「英雄的な」KKKは基本的に「自衛」軍であり、アメリカで生まれた白人のプロテスタントが作り上げた白人文化を、黒人、ユダヤ人、カトリックに代表される「よそ者」の伝統から守っているという主張であった。この人種差別的な映画では、黒人は白人女性のあとを追い回す、怠惰で暴力的な犯罪者として描かれている。

ＫＫＫはほどなく一九一五年、酔って聖なるナイトライダーの幻を見て触発された元メソディスト派の牧師により、ジョージア州アトランタ郊外の巨大な花崗岩の山、ストーンマウンテンの上で再結成された。もともとＫＫＫは、田舎から都会に出て来たばかりの人たちが早く都会生活に慣れるために援助をするおなじみの友愛組合の一つだったが、アメリカで伸びつつあった少数派のカトリックを食い止めようとする移民排斥主義を進める上で、原動力とも言える重要な役割を果たすようになった。その途上で、新たなＫＫＫはプロテスタントの白人男性を至上のものとし、社会的には底辺から逃げ出すことのできない力の弱い黒人を脅し始めたのである。

『国民の創生』で見せたグリフィスの見解が白人に広く共有されていたことは、ウッドロウ・ウイルソン大統領がこの映画をホワイトハウスで見たあと、「それは雷に打たれて歴史を書くような衝撃的なものであった。私が唯一残念に思うことは、それがすべてまったくもって真実であるということだ」と言ったという事実が象徴的に示している。

復活したＫＫＫは北部、南部の両方からメンバーを集め、全国に広がり、一九二〇年代には二百万人以上の会員を集めて絶頂を迎える。群集心理、頭巾などの衣装による匿名性、秘密の誓いや暗号、主に夜間に活動することなどが重なり、個人では考えつかないような犯罪を可能にしていったのである。ＫＫＫの頂点は一九二〇年代だったが、公民権運動が高まるにつれ、特に南部において再び会員数を増していった。

差別主義の保安官に左右される命

ジェイムズ・メレディスのミシシッピ大学入学をめぐって起こったオクスフォードの戦い、そして勢いを強める一方の公民権運動にあおられてより過激になった一部のミシシッピの白人は、この州では何十年も休眠状態であったＫＫＫを復活させることに決めた。彼らは「グランド・ドラゴン」と異名を取るロバート・シェルトンを州の指揮官とし、国粋主義的人種差別主義者グループ、アメリカＫＫＫ連合の血気盛んなミシシッピ支部を立ち上げた。一九六四年までには、「クー・クラックス・クランの白い騎士団」と呼ばれる極端に暴力的で秘密主義の新しいＫＫＫ一派がメンバーを約二千人に増やし、ミシシッピ州の会員だけでも、アメリカＫＫＫ連合の会員数を凌駕《りょうが》していた。会員のなかには、短期間であったにせよ、約三十人の保安官、地元警察官、またハイウェイ・パトロールの警官が入っていた。「白い騎士団」は州の各地で黒人に対する拷問や暴行を開始し、十字架を百八十回以上燃やし、黒人を狙っての狙撃や殴打がどれほど行われたかはわからないほどであった。

公民権運動のボランティアやその土地での運動に協力する者たちへの白人の暴力は、一九六四年の夏に、さらに激しさを増し、黒人の家と三十七の黒人教会が爆弾で攻撃された。また八十人以上の公民権運動のボランティアが白人の暴徒か人種差別主義の警官に襲われている。多くの場合、襲った相手が暴徒なのか、警官なのか、州政府なのか、彼らはほとんど一体化していたため、区別することは不可能だった。州が資金を提供して設立したミシシッピ州主権委員会が、州外から来た公民権運動ボランティアの車のナンバーを記録し、地元の保安官に教えていたというひどい例もあったほどだ。彼らがボランティアに嫌がらせをし、脅そうとしていたことは明らかであった。

二十世紀の著名なアメリカ南部史家であるC・ヴァン・ウッドワードの言葉を借りれば、当時南部では「法の執行は偏狭者の手にあり、そしてその偏狭者とは尊敬に値する者」であったのだ。現在から見れば、特に日本の読者から見ると、保護を求めようとしても、警察などの法の執行者を頼ることができず、人種差別丸出しの法務執行官の言いなりになるしかなかったことがどれほど絶望的であったか、想像することは難しいだろうが、これは深南部では非常に大きな問題であった。なぜなら「保安官」はほとんど絶対の権威者であり、実際の法律書に何が書いてあろうと関係なく、深南部では彼が「法そのものであった」からだ。

現在の基準からすれば、ほとんどすべての南部の白人は人種差別主義者だったので、「軽い」差別主義者なのか、「ヘヴィーな」差別主義者なのかを区別しても大した意味はないだろうと簡単に考えてしまうかもしれない。しかしミシシッピであろうが、他の南部のどの州であろうが、アフリカ系アメリカ人にとって、保安官が暴力反対者で幾分でも黒人に温情をかけてくれる差別主義者なのか、あるいは黒人の基本的人権をも否定し、彼らの生命、財産への脅しを積極的に促すような悪意に満ちた人種差別主義者であるかの違いは大きかった。後に証明されることになるのだが、保安官や保安官代理の多くは、非番のときにKKKのメンバーとして活動していた。このようなことを少しでも知っていれば、黒人にとっては、人種差別における程度の差が彼らの生死を分けるものであったことは理解できるだろう。

長く暑い夏

「目が四つあるけど見えないものなあに？」子どものなぞなぞである。答えはミシシッピ(Mississippi)。つづりの中に四つの「.i」(=eye目)があるからだ。なぞなぞはさておき、黒人住民の扱いを変えるということに限っていえば、ミシシッピが「見えていなかった」というのは実に重い事実を言い当てていた。当時、人口の四十五パーセントを黒人が占め、黒人の割合は南部のどの州よりも高かったミシシッピ州は、黒人に対する殴打、リンチ、未解決の行方不明者の数、そして人種的憎悪の強さにおいてはアメリカ一であった。このようなことでミシシッピ州に匹敵するのはアラバマ州だけだろう。

まさにそのような理由のため、公民権活動家は一九六四年に「フリーダム・サマー」キャンペーンをミシシッピ州で行う計画を立てた。平均年齢二十一歳の約八百人のボランティアが、その夏ミシシッピ州で活動する契約をした。その四分の三は白人で、約三百人が女性であった。参加者は、各自の生活費と医療費、万一留置場に入れられた場合の保釈金五百ドルと家に帰るための交通費を現金で持って来ることになっていた。その多くが北東部の裕福な、あるいは中産階級の出身であり、ニューヨーク州からの参加者が一番多かった。「ミシシッピのどこかに着いて、あなたが何の罪も犯していないのに、警官が呼び止め、逮捕しようとしたら、一度留置場に行ってみるといい。そもそもミシシッピは警官に憲法教育を行うような場所ではない。なにしろ警官の多くは小学五年生の教育も受けていないんだ」と彼らは忠告された。また「君たちは殺されるかもしれない」とも警告されていた。それでも彼らは出かけて行った。

ミシシッピ州では一九六二年の時点で、黒人の六・二パーセントしか選挙人登録をしておらず、この数字は国内最低であった。ボランティアの大きな目的はミシシッピ州におけるアフリカ系アメリカ人の選挙権剝奪に終止符を打つことであった。

選挙人登録に加えて、公民権運動団体は共同で黒人の子どもに読み書きを教える「フリーダム・スクール」を義務教育法のないミシシッピ州内に三十校設立した。たいていの黒人の子どもは畑で働くために学校から連れ出され、十分な教育がなされているとは言えなかったからだ。フリーダム・スクールは、基本的な読み書きのほかに、公民権運動の原理や黒人の歴史も教え、黒人の生徒は白人ではない人々の偉業についてはじめて聞くこととなった。その夏、三千人以上の生徒がフリーダム・スクールに出席していた。

ファニー・ルー・ヘイマーとミシシッピ自由民主党

ミシシッピにおけるボランティアに参加した者にとって、一九六四年の夏はあまりに危険であった。しかし自分の立場を明確にしてきたミシシッピの黒人にとって、危険はいつも隣り合わせだった。ルールヴィルの中年の小作人、ファニー・ルー・ヘイマー以上にそのことを身をもって体験した人物はいないだろう。彼女は変革のために命をかけた多くの「一般市民」の一人であった。

一九四〇年代後半から一九六〇年代初頭にかけて、ミシシッピ・デルタの白人の地主は、黒人、白人を問わず貧しい農場労働者と小作人を解雇し、機械、化学肥料、政府の補助プログラムを採用し始めた。綿花畑でもっとも忙しい除草や間引き、綿花摘みといった仕事は、かつてのように低賃金の労働者に頼る必要がなくなってきたのだ。働き口をなくした黒人の農場労働者は、実質的には教育を受けておらず、北部の工場で仕事を得るために北部の大都会に移住する経済的余裕もなかったため、他の仕事にありつくのは難しかった。このような貧しい黒人を動員するためにSNCCのメンバーが黒人社会に入って来たとき、彼らの存在は黒人社会にも白人社会にも緊張を生み出す原因となった。実際、SNCCのメンバーに宿を提供したり、SNCCの集会に参加したり、または驚くべきことに、選挙人登録をしようとするだけでも、すぐに白人からの暴力的な報復が行われることがしばしばであった。

六年生までの初等教育しか受けていない四十五歳のヘイマーは、一九六二年のある夜、思い切って大集会に参加してみた。そこで彼女はジェイムズ・ベヴェルという名のカリスマ的指導者が福音派の説教者のように、自由のための新しい闘争を始めるようこの土地の黒人社会に呼びかけ、とうとうと語るのを聞いた。ヘイマーは「そのときまで、わたしは大集会のことなど聞いたこともなく、黒人が登録をして投票ができるなんていうことも知りませんでした」とのちに語っている。彼女は一市民として、集会に出席する権利も投票の権利も保障されていることを知ると、すぐに行動に出た。その翌日、彼女はみずから裁判所に出向き、登録をした最初の一人となった。

彼女は登録しようとすれば危険な目にあうことを承知していた。「馬鹿でもなければ少しは怖いだろうと思いますが、怖がってもなんの意味があります？　彼らにできることと言ったら、わたしを殺すことぐらいでしょ。でも覚えている限り、一度だって成功したことはないんですから」

彼女は他の十数人の女性とともに、選挙人登録をするために近くのインディアノーラの町へ出かけた。その結果、どうなったか。ピート・ダニエルは『失われた革命　１９５０年代のアメリカ南部』（二〇〇〇）のなかで「ヘイマーは書類の必要事項をすべて埋めたが、登録に必要なテストは不合格だった。彼女が家に戻ると、白人の地主Ｗ・Ｄ・マーローが彼女の前に立ちはだかり、登録用紙から名前を消すように求めた。彼女の答えは黒人が抵抗を示す場合の古典的な言い回しとして記憶されることになる。『あなたのために登録をしに行ったのではありません。わたし自身のために登録に行ったんです』マーローはその夜すぐに彼女をプランテーションから解雇した」と書いている。黒人が投票権といった基本的権利を求めることさえ、マーローにとってはこの上もない脅威となった。彼女は突然「危険」人物になったのだ。

ヘイマーのケースはまれなものではなかった。ミシシッピ州レフロア郡は、登録のために数多くの黒人が裁判所に姿を見せた南部デルタ地帯で最初の場所であった。夕刊のみの日刊紙『コモンウェルス』では、これまでも選挙人登録をしようとした黒人の名前を掲載していた。そのため次の月曜日に仕事場に行ってみると、召使いや雑役夫の仕事をクビになっていることもあっただろう。南部ではどこへ行っても、賃金の良くない仕事でさえ見つけるのが困難であったので、たかだか選挙人登録であっても、特に黒人の場合には経済的な影響は非常に大きかった。

ヘイマーはプランテーションでも、彼女が所属する教会でもリーダー的存在であった。無学であったが、精力的で、はっきり物を言い、勇敢だったので、彼女が公民権のワークショップに関わるようになると、黒人女性も白人女性も彼女と同じような気持ちになり、その影響力は計り知れないものがあった。

一九六三年六月、彼女はウィノーナにあるバス・ターミナルのランチカウンターで食事をしようとし、他の女性数人とともに逮捕された。留置場に送られて、彼女は激しく殴られた。この経験を伝える彼女の話はその翌年、多くのアメリカ人を動かした。

一九六四年は大統領選挙の年でもあった。その夏、公民権運動活動家が計画したもう一つの目標は、合法的に「自由民主党」を設立し、白人のみで構成されていたミシシッピ民主党に挑戦することであった。八万人以上の人たちが人種統合をしたミシシッピ自由民主党（ＭＦＤＰ）に参加し、六十八人の代議員がニュージャージー州アトランティックシティで開かれた民主党大会に出席した。そこで彼らは白人だけのミシシッピ民主党の代表団の出席に対し異議を申し立てた。彼らの努力は一九六〇年のシット・インから始まった草の根組織の集大成であり、一般市民が代表者となり、それが法的にも認められることを求めたのである。ＭＦＤＰのメンバーには黒人も白人も、また教育を受けた者も受けていない者もおり、連邦政府による外部からの力によるのではなく、内部からの改革を体現していたことは注目に値する。

ヘイマーは、八月二十二日に開かれた全国民主党資格審査委員会における証言で一躍注目を浴びた。彼女の雄弁と情熱は聞く者を圧倒した。委員会を前に、彼女が語ったのは、公民権運動の集会に出席したり、選挙人登録をするという法的に保障されているはずの権利を行使しようとしただけで、その報復として虐待を受けた事実であった。彼女は自分の家がどのように燃やされたか、また留置場でどのような扱いを受けたかを語った。彼女は「どんなにひどく殴られ、長いこん棒で打ちのめされたか。あまりの痛さで神様に叫んでしまうほどでした……あの人たちは感覚がなくなってしまうまで、わたしの腕を殴りつけたんです」と証言をした。それでも活動を続けられたのは、彼女がごく普通の市民になりたかったからだ。この証言を生放送で全国に送っていたテレビカメラの前で、彼女はこらえきれずに泣き崩れた。

しかし彼らの主張が正しいことは明らかであったにもかかわらず、人種統合したMFDPは、これまでと変わらず白人だけのミシシッピ民主党代表者に加えて、二名の代表を認めるという妥協案を示されただけだった。MFDPはこの妥協案を拒否し、ミシシッピへ帰った。内発的な草の根改革が敗れた瞬間であった。

燃えるミシシッピ

その夏、公民権運動が目玉にしていた活動には長い試練がつきまとった。ミシシッピ州主権委員会が作った公民権運動活動家の車のリストには、ジェイムズ・チェイニー（黒人、二十一歳、ミシシッピ州出身）、アンドルー・グッドマン（白人、二十歳、ニューヨーク州出身）、ミッキー・シュワーナー（白人、二十四歳、ニューヨーク州出身）が使用していたフォードのステーションワゴンが載っていた。一九六四年六月二十一日、三人はミシシッピ州フィラデルフィア近郊で起こった黒人教会の火災について調査に出かけた。ミシシッピ州主権委員会の情報により、地元警察は三人を交通違反で逮捕し、数時間拘束した。その夜留置場から釈放された彼らはそのまま消えてしまったのである。活動家たちは留置場から釈放されたあとには必ず「フリーダム・サマー」本部に連絡をすることになっていたが、彼らは電話をしていなかった。翌日の朝までには、本格的な捜査が始まっていた。

地元の保安官ローレンス・レイニーは彼らの失踪に関して、「奴らがいなくなったとしても、世間の目を引こうとして、どこかに隠れてるんだろう」とまったく問題にしなかった。上院議員のジェイムズ・イーストランドさえ、「話題作りのための作戦だろう」と言った。しかしフィラデルフィアに近いネイティヴ・アメリカンの特別保留地に住むチョクトー族の人たちは、フィラデルフィア近くのボウグ・チトー湿地帯の藪の中で、フォードが一台くすぶっていると通報してきた。それは三人の活動家が運転していた車だった。その車を確認したFBI局員は、この事件には地元の警察がなんらかの関わりを持っているのではないかとすでに疑っていたので、ニューオーリンズのFBI本部に連絡をするときも、警察の無線で盗聴されるのを避けるために、近くの農家の電話を借りたほどであった。

ジョンソン大統領は、これまでの大統領と同じで、南部に再び連邦軍を送ることは避けたいと思っていたが、なんらかの手段は講じなければならなかったので、三人の活動家の捜査を援助するために二百人の非武装の海軍兵を送った。FBI局員と海軍兵は数人の黒人の死体を見つけた。一人は足を縛られていたが、それらはずっと以前に殺害されたとみられる他の男たちの遺体であった。

三人の公民権活動家の殺害を取り上げた映画『ミシシッピー・バーニング』は感動的であり、最後に善人が悪人である偏狭なKKKのメンバーを捕まえる場面では拍手を送りたくなる。この映画では、二人のFBI局員が調査のため到着するが、地元の白人労働者がこれを妨害し、また地元の黒人たちは怖がって何もしないので、捜査は停滞したままである。最後に、FBI局員は少し違法な手段を使って白人労働者を脅し、遺体の場所とこの殺人事件の首謀者の名前を白状させるのである。

だが事実はやや異なっている。FBI長官のフーヴァーは表向き、KKKの過激な行動に反対しているように見せかけていたが、実際には公民権活動家を守ることはFBIにとって時間の無駄だと思っていた。彼が調べたかったのはもっと別のことであった。

FBIの強迫観念

フーヴァーはキング牧師が共産党員であり、公民権運動が実際には組織化された共産主義者の最前線であることを証明しようと躍起になっていた。彼はキング牧師の人気を低落させられるならどんな努力も惜しまなかった。実際、キング牧師が女たらしである証拠を集めるために電話の盗聴さえ許していたのである。

しかしミシシッピでは、FBIの調査は難航し、三人の失踪者についてなんの手がかりも得られなかった。ところが、三万ドルの懸賞金がかけられたとたん、情報提供者が現れたのだ。情報にしたがって、FBIはブルドーザーとシャベルを持った局員を使い、フィラデルフィアに近い農場に最近作られた土のダムの基礎部分を掘った。八月四日、腐敗がひどく進んだ三人の遺体が発見された。失踪した三人だった。グッドマンとシュワーナーは胸に撃ち込まれた一発の銃弾が致命傷であったが、黒人のチェイニーは殴り殺されたようだ。

遺族は三人を並べて埋葬することを希望したが、ミシシッピ州の人種隔離法により、黒人と白人を同じ墓地に埋葬することはできなかった。ジェイムズ・チェイニーは一人、黒人用の墓地に埋められた。

この事件で逮捕者が出たときにはすでに十二月になっていた。FBIが二十一人の白人ミシシッピ州民を拘留したときはじめて、あの六月の夜に何が起こったのか、詳細が明らかになった。三人は留置場から釈放された後、ネショバ郡の保安官代理セシル・プライスとKKKのメンバーである彼の仲間により拉致され、殺害されたのである。しかし住民の誰もがお互いのことをよく知っているネショバ郡のような田舎で、このことを証明するのは困難であった。連邦大陪審が証人として目撃者を召喚し始めたが、住民は全員、誰が尋問に呼び出されたかを知っていた。証人になったと目された人物の車を、ＫＫＫの車がハイウェイで追跡するという噂が立ち、事件については何も知らず、ＦＢＩの捜査官に何も話さなかった目撃者さえ、命の危険を感じながら暮らしていた。

最終的に、ＫＫＫの儀式で司祭を務めていたメソディスト派の非常勤牧師、デルマー・デニスが週百ドルの報酬で知っていることをＦＢＩに話すことに同意したのだ。保安官のレイニーと保安官代理のプライスが拘留中の黒人を殴ったという別件で逮捕されると、連帯意識が強かったＫＫＫも地元の住民も、次々と沈黙を破り始めた。

ネショバ郡で起こった三人の公民権運動活動家殺害事件で、十八人の容疑者が陰謀を計画したとして司法省から起訴されたのは、一九六七年も十月になってからのことであった。保安官代理セシル・プライスにいたっては、無罪になる自信が大いにあったので、近く行われることになっている保安官選挙に立候補していた。しかも選挙の相手は、共同被告人の一人であった。しかし検察側がデルマー・デニスを証人として呼んだ瞬間に、法廷の空気が劇的に変わった。デニスは過去三年間、ミシシッピ州ローレルにおけるＫＫＫの「魔の帝王」、サム・バウアーズとFBIの双方のために働いていたことを証言したのである。

陪審員は二日をかけて結論に達し、レイニー保安官を含む八人の被告を無罪、三人の被告については不確定、そして保安官代理プライスを含む七人を有罪とした。ミシシッピの陪審員が人種的犯罪によりKKKのメンバーに有罪判決を言い渡すのはこれがはじめてであると、当局は発表した。

州政府と連邦政府の法務執行機関による厳重な取り締まりのあと、一九六九年までにはミシシッピ州のKKK会員は百人以下に減少したが、残ったメンバーは相変わらず暴力的であった。一九七三年、ミシシッピ州議会は、悪名高き主権委員会への州政府の出資を打ち切ることを決定し、委員会は一九七七年に正式に廃止された。

一九六五年、アラバマ州セルマ

一九六五年二月二十一日、ニューヨーク市のハーレムでマルコムXがアフリカ系アメリカ人のイスラム教団体、ブラック・モスレムのメンバー三人に暗殺され、この年は不吉な始まり方をした。黒人の選挙人登録運動を長期にわたり実施していたアラバマ州セルマでも状況は同じだった。セルマのある郡では、選挙ができる年齢に達した人口の約半分が黒人であったが、そのうち登録をして選挙権を取得している白人は六十五パーセント、黒人は一パーセントにすぎなかった。

SNCCが選挙人登録のためのワークショップを開き、黒人の住民に必要書類の書き方を教え始めると、報復を恐れる黒人も出てきた。ワークショップに参加するだけで、職を失いかねなかったからだ。さらにセルマの役人は登録できる日を、月の第一、第三月曜日だけに限定し、しかも遅く来て早く帰ることで、黒人が登録しにくいようにしていた。運良く登記係に会えたとしても、たいてい何かの理由をつけられ、登録を拒否されていた。当時よく行われていたのは、法に関する常識テストを行って、「失格」にするという手だった。しかし実際には、登録をしようとする黒人のほうが、彼らを試問する白人の登記係よりも高い教育を受けていることもあった。

南部のどの州でも、登録を首尾良く終えることは難しかったため、こんなジョークが生まれたほどだ。ある黒人が選挙人登録に行ったとき、読む能力の「テスト」で、白人の登記係は彼に中国語の新聞を渡して「これが読めますか」と聞いた。「ええ、もちろん読めますとも」黒人は答えた。すると登記係が「じゃ、読んでみてください」と言った。黒人の男はこう答えた、「今日も選挙人登録を許可されないニガーがまた一人出た」登録しようとする黒人に対する状況があまりに不利なので、時にはその馬鹿馬鹿しさを笑うしかなかったのだ。

ＳＮＣＣはまたセルマの白人専用の劇場やランチカウンターでの人種差別を撤廃しようとしていた。二月十八日に行われたデモにはＳＮＣＣのリーダー、ジミー・リー・ジャクソンが母親と祖父とともに参加していた。そしてデモを抑えようと振り回された警官の警棒から母親を守ろうとしたジャクソンが州の警察官に狙撃されたとき、事態は緊迫の頂点に達した。ジャクソンは八日後の二月二十六日に死亡した。ＳＮＣＣとＳＣＬＣは一九六五年三月七日にセルマから州都モンゴメリーまで抗議の行進を行うことに決定した。

行進が計画されると、その舞台裏では公民権運動全体がこの当時直面していた象徴的なジレンマに苦しむことになった。キング牧師自身は行進の呼びかけに参加していた。しかしジョンソン大統領が、もしこの行進が暴力的な事件を引き起こせば、大統領にとってはマイナス・イメージとなり、その結果、南部民主党との関係が悪化するのではないかと危惧《きぐ》しており、この行進を望んでいないと知ったキング牧師は、ジョンソン大統領の希望を無視すれば、重要な新公民権法の議会通過が危うくなるのではないかと逆に心配し始めたのだ。結局、彼とアバーナシー牧師は、地元モンゴメリーの教会員に対する牧師の務めがあるという理由で、セルマを去ってしまった。

血の日曜日

しかし地元のＳＮＣＣは行進を延期する余裕はなかった。三月七日、日曜日、彼らは町の中心から出発し、わずかな距離を進んだところで、モンゴメリーの幹線道路へとつながるアラバマ川にかかるエドモンド・ペタス橋に到着した。いろいろな人種が混ざった行進参加者たちがそこで目にしたのは、ガスマスクを装備し、警棒を持った地元の警官と州警察による青い制服の隊列だった。彼らは解散し、行進の出発点になったブラウン教会に戻るように命じられたが、一分もしないうちに、郡の保安官ジェイムズ・Ｇ・クラークが率いる警察隊に襲撃された。

活動家のジョン・ルイスは警察隊が「しょっぴけ！　ニガーをしょっぴくんだ！」と叫んでいたことを覚えている。その直後彼は警棒で頭を殴られ、着ていた服にまで血が染み込み始めた。催涙ガスがデモ隊に発射された。デモ隊はまず徒歩で近づいてきた警官隊になぎ倒され、次に馬に乗った警官に攻撃された。「催涙ガスで息が詰まり、激しく咳き込んでいました。呼吸ができなかったんです。これが最後の息のような感じがしました……これで終わりだ、と思ったとき、奇妙なほど落ち着いていたことを覚えています。みんなここで死ぬんだ。わたしもここで死ぬんだ、と」

ルイスは警棒で殴られ、頭蓋骨を骨折しながらも、運良く生き延びた。
怪我をした百人以外の行進参加者たちは強制的に橋を戻らされ、行進は中止された――すくなくともその日は。しかしその夜、このニュースが全国に放送されると、再び全国民がショックを受けた。「血の日曜日」は公民権運動のなかで、記憶に残る重大な事件の一つに加えられた。

変わらぬ固い決意

その夜遅くには、抗議運動に加わろうとする支持者でいっぱいのチャーター機がセルマに到着し、彼らは非暴力を貫き、行進を必ず成功させることを改めて確認した。三月九日、火曜日、キング牧師はセルマに戻り、行進の再チャレンジの先頭に立った。今度は暴力こそなかったが、裏で妥協案が練られていた。これは公民権運動の歴史のなかでも、説明がつかない瞬間であった。この妥協案では、行進参加者は橋まで来ると、向きを変え、ブラウン教会へ戻ることになっていた。行進参加者の多くは、キング牧師が全行程の先頭に立ちながらも、途中で方向を変え、教会に戻ると告げるのを聞いて奇妙に感じたに違いない。彼らは、行きだけでなく帰りにも、なぜ力強くフリーダム・ソングの「変わらぬ固い決意」を歌っているのか、いぶかしく思ったことだろう。

その夜、行進に参加するためセルマに来ていた白人のユニテリアン派のジェイムズ・リーブ牧師は黒人用レストランで他の二人の牧師と食事をした。食事のあと、彼らは近道をしようとして、差別主義の白人たちが住んでいる区域を通るという間違いを犯してしまった。彼らは闇の中から躍り出た四人の男に襲撃され、リーブはここで撲殺される。

この白人牧師殺害に対する抗議はジミー・リー・ジャクソン殺害に対するものよりもずっと大きかった。黒人社会はその違いを見逃さなかった。アメリカ人は常に黒人の死よりも白人の死のほうにショックを受けるようである。それでも、リーブの死により、すでにジョンソン大統領が起草していた投票権に関する法案提出を求める声がいっそう大きくなった。

三月十五日、月曜日、ジョンソン大統領は投票権法案を議会とテレビカメラの前に提示した。公民権に関する大統領の演説でも最高のものであると多くの人が絶賛するジョンソン大統領の演説のなかで、大統領は七千万人と推定される聴衆に、この法案が選挙人登録を妨害する違法行為を減らすことになるだろうと語った。特にセルマでの事件を、アメリカ全土に広がったより大きな運動の一部として語った。「アメリカの黒人はみずからの努力により、アメリカの恵みにあふれた生活を自分たちのものにしようとしている。彼らの運動はわたしたちの運動でもある。なぜなら、偏見と不正という醜い遺物を克服しなければならないのは、黒人だけでなく、まさにわれわれすべての義務であるからだ。そしてわたしたちは前進する、勝利をわれらのものにする日まで……」

公民権運動のあるリーダーによれば、ジョンソンが演説のなかで、フリーダム・ソングのなかでももっとも有名な曲の歌詞を引用したとき、静かに椅子にすわっていたキング牧師のほおを涙が伝ったという。それは公民権運動全体の成功を確信するものであった。

三月二十一日、日曜日、セルマからモンゴメリーまで、五十四マイルの行進が再び始まった。今度は、議会の許可もあり、警備も保証されていた。警備は州警察ではなく——ウォーレス州知事によれば、州にはこのような負担を担うだけの「経済的能力」はなかったらしい——、連邦政府の指揮下に置かれたアラバマ州兵の複数の部隊が行った。四千人の行進参加者はエドモンド・ペタス橋を渡り、休むことなく五日間行進し続けた。ジョン・ルイスは当時を思い出し、「疲れることも、本当に嫌になることもありませんでした。前進あるのみで、あそこには普通の行進以上のものがあったんです。わたしにとって、あんな行進はそれまでになかったし、あれ以後、現在までもありません……一つの町全体が移動しているような感じでした。歩いていると、いろんな人がやって来て、手を振り、食べ物や飲み物を持って来てくれたんです」と語っている。参加者の数は増え続け、モンゴメリーに着くころには二万五千人以上になっていた。

キング牧師暗殺計画の噂が行進参加者の耳には届いていた。キング牧師はいつも青いスーツを着ていたので、アンドルー・ヤングは「彼が行進に参加するのを止めることはできなかったので、黒人はみんな同じように見えるという白人の言葉を信用して、マーティンと同じくらいの背格好で青いスーツを持ってる人たちを全員、彼と並んで行進の最前列に並ばせたんです……牧師たちはみんな、喜んでマーティン・ルーサー・キングと一緒に最前列に立ちたがっていました。彼らのほとんどは今でもなぜ最前列にいたのか、知らないと思いますよ」と回想している。

行進参加者はモンゴメリーの大通りを進み、デクスター・アヴェニュー・バプテスト教会の反対側に集まった。ちょうど十年前、最初のバスボイコットの集会が開かれた教会である。その教会の前、一九六三年にウォーレス州知事が人種隔離法を永遠に支持すると誓言した州議会ビルの階段の上で、キング牧師は、バスボイコット運動が続いていたとき、モンゴメリーに住んでいたマザー・ポラードの「私の足はくたびれ果てている、でも魂は安らいでるのよ」という言葉で演説を始めた。そして「（平等の権利を得るのに）あとどのくらいかかりますか？」と尋ねる者に対して、彼は「もうすぐだ！」と答えたのだった。

ある意味で彼は正しかった。一九六五年の投票権法案はその年の八月六日に立法化された。新しい法律では、これまで黒人の登録を勝手に阻害してきた州の登記係とは反対に、連邦の登記係には強い規制が課せられるばかりでなく、これまで資格のある黒人の選挙人登録を阻むのに利用されてきた法に関する試験、人頭税の支払い、読み書きのテストを禁ずる強い規定が加えられていた。ほぼ一世紀前に制定された合衆国憲法修正条項第十五条では、投票権を保障することになっているが、「州権」を認める連邦制度により、実質上、南部諸州が黒人の投票権を拒否するのを許してきた。しかし一九六五年の今こそ、新しいこの法律により、アフリカ系アメリカ人は選挙に積極的に参加し、自分たちの代表を選ぶことができるようになったのである。セルマのような町では彼らはすぐにこれを実行に移し、一年のうちに彼らの多数が投票に参加し、セルマのある郡で堂々と人種差別をしてきた保安官を交代させたのである。

ミシシッピ州でのフリーダム・サマーと投票権法をめぐる運動は互いに相乗効果を発揮し、驚くべき数字を生み出した。この新しい法律が施行される前年、一九六四年に、詐欺、謀略、脅迫など考えられる限りのあらゆる手段により、黒人は投票から遠ざけられていたため、選挙権を持っている年齢の黒人のなかで、選挙人登録をしている者はわずかに六・七パーセントであった。しかし選挙人登録運動活動家の献身的な努力と、新しい連邦法のおかげで登録者の割合は一九六九年までに、六十六・五パーセントへと飛躍的に上昇した。ついに黒人は、黒人を「その立場に」押し込めておくことにしか関心のない政治家の下で我慢するのではなく、自分たちを助けてくれる可能性のある政治家を選ぶ選挙に参加することができるようになったのである。

わたしは約束の地を見た

アメリカ各地で行われたストライキ、デモ、シット・イン、行進などは、どのような規模のものであれ、キング牧師が参加すれば、確実に多くの注目を浴びた。一九六八年三月、市の清掃局で働く黒人職員のためのストライキを支援するためにテネシー州メンフィスへ旅をしたときもそうであった。ストライキの直接的原因は、悪天候を理由に、二十二人の黒人職員は賃金をもらえないまま家に帰された一方で、白人労働者は家に帰されることなく賃金ももらえたことにあった。メンフィスの黒人組合は労働組合の承認、より高い賃金、より安全な労働条件、付加給付金を求めてストライキを行った。メンフィス市長は彼らのストライキを違法とし、仕事に戻らなければ全員解雇すると脅した。黒人社会の住民は町の中心地でも不買運動をすることで彼らを支援し、その地域において三十五パーセントの利益減をもたらした。それでもなお、

行進の先頭に立つキング牧師

市長は彼らとの交渉を拒んでいたのだ。

中心街を通る平穏なデモは、三月二十八日、暴力でその終わりを告げた。見物人がパトカーを横転させ、行進のうしろのほうにいた若者たちがビール通りの店の窓ガラスを割り、略奪行為を働いたのだ。メンフィス警察は暴力を振るった者だけでなく、行進参加者全員に対してすばやく実力行使に出た。はじめて、キング牧師と運動の指導者たちは行進をコントロールできなくなっていた。

四月三日、キング牧師はストライキを支持する黒人の群衆に向かって演説をした。彼はこれまで多くの仲間と一緒に正義のために働いてきたが、その正義の実現を目にするまで自分は長生きできないかもしれないと語り、エジプトで隷属状態におかれていた人々を導き出したモーセに触れ、「わたしはみなさんと一緒にそこに行くことができないかもしれない。しかしわたしたちは一つの民として『約束の地』に行き着くことができるだろう。今夜、わたしはとても幸せだ。恐れることは何もない。もう誰も怖くない！　この目ですでに主の栄光を見たのだから！」と力強く言い切って演説を終えた。

メンフィスのロレーン・モーテルのバルコニーに立っている彼が、強力なライフルの銃弾により暗殺されたのはその翌日、一九六八年四月四日の夕方であった。暗殺者はジェイムズ・アール・レイという名の白人だった。

暗殺のニュースが広まると、不満と怒りからアメリカ中で暴動が起こった。一週間の間に、百三十の都市で暴動が起き、四十六人が死亡、二千六百件の火災が発生し、一億ドルの損失をもたらした。各州の知事は暴動を鎮圧するため州兵を使い、二万人以上の暴動者が逮捕された。アメリカの歴史上、人種問題での暴動がこれほど集中した週はかつて一度もなかった。

それからわずか二ヶ月後の一九六八年六月五日、ケネディ政権下で司法長官を務めたロバート・ケネディ上院議員も暗殺されることになる。

第九章　運動の結末

新たな分離

「差別撤廃」への戦いは、わたしたちが公民権運動の時期と呼んできた一九五四年から六八年の間に勝利を収めたように見えたが、戦いは別の形で続いた。活動家のなかには非暴力的抵抗と黒人以外の活動家との協力を捨て、好戦的な分離主義者に転向する者たちもいた。特に北部や西海岸の都市では「ブラックパワー」という言葉がスローガンとなった。また運動のエネルギーは、公民権運動から南部以外で噴出する住宅や雇用問題へ、また特にヴェトナム戦争反対運動へと異なった領域にも広がり始めた。アフリカ系アメリカ人はヴェトナム戦争と徴兵制度に否応なく巻き込まれていった。というのは、若い黒人は白人の若者なら比較的容易に手に入れることができた兵役免除を受けることができず、結局軍隊に入れられて、最終的にヴェトナムで戦って死ぬという可能性が大きかったからである。

人種統合実施への「抵抗」はさまざまな形で続いた。その一つが、ミシシッピ州ジャクソンの公共施設で実行された閉鎖という形である。かつてメドガー・エヴァーズが代表を務めたジャクソンのＮＡＡＣＰは、公立のプールを含む公共施設を利用できる白人と平等な権利を求めて戦っていた。人種統合以前には、市のプールは五つあり、四つが白人専用、一つが黒人専用であった。この五つのプールすべてに対し差別撤廃を要求されそうだという現実に直面した白人住民は、すべてのプールを使うことをあっさりあきらめた。そのような状況ですべてのプールを維持するのは経済的に困難であると判断したジャクソン市は、五つすべてを閉鎖してしまったのだ。最高裁判所は基本的に市の「独創的な発想」を快諾し、先の差別をめぐる裁判での判決に違反するとして市当局をとがめることはなかった。最高裁判所は市が完全に人種統合問題を避けるのを許可したことになる。

第二の差別撤廃問題は、学校での人種別割合の変更に関することであり、この問題は全国的なものになった。学校における差別撤廃は、詳しく見ていくと、施設、職員、教員、課外活動、通学、生徒の割合などにも及んでいた。人種統合を実行するために提案された手段のなかには、一つの人種が大勢を占める地域から別の地域へ、町を横切って生徒をバスで輸送する案もあった。つまり、それぞれの学校の人種的なバランスを保つために、黒人居住区からも、あるいは白人居住区からも、自分とは逆の人種の多い学校へバスで通うこともあったのだ。この「横断バス通学」の計画は、一九七〇年代、特に皮肉なことにかつての強力な奴隷制度廃止運動の本家であったボストンで、大混乱を引き起こすことになった。一九七三年のコロラド州デンヴァーと、七四年のミシガン州デトロイトにおける学校の人種統合への努力を求めた最高裁の判決で、裁判所は「差別」が南部だけに限定されるものではないことを認めた。北部と西部の多くの都市は、結果的に学校が自然に「分離」されるような習慣や政策に従っていた。このような政策のなかには、学校を白人地域や黒人地域の中心に建設することも含まれており、それにより生徒は故意に「人種的に同種」の学校へ通うように割り振られた。

デトロイトでは、多くの白人が旧市街地から郊外へと移ったいわゆる「白人の大移動」と言われた時期に、裁判所は郊外の学校は都市圏の人種統合計画には含まれないので、黒人生徒を郊外の学校までバスで輸送することはないという判決を下した。その結果、都市部の住民のほとんどが黒人で、白人は全員郊外に住む、社会学者が「超分離主義」と呼ぶ現象を作り出すことになった。不幸なことに、現在、多くの都市内部にある学校区のアフリカ系アメリカ人の生徒は、ブラウン裁判以前よりももっと分離された状態にある。

差別撤廃措置と雇用機会均等

公民権運動の遺産である「差別撤廃措置」は公民権運動以後、雇用、教育、仕事上の契約に関する決定に際して、アフリカ系アメリカ人はもとより、他の少数民族や女性にも特別の配慮を与えるように求めている。この背後には、アフリカ系アメリカ人に対する長期にわたる差別の埋め合わせを促し、意識的に手段を講ずることで過去の過ちを正そうという考えがある。この措置では、連邦政府の仕事だけでなく、州政府や民間企業の仕事でも、すべての差別をなくすことになっている。連邦政府と契約を結ぶ者は誰であれ、どこの企業であれ、少数民族の雇用増加を実践していることを示すことが法により定められており、それを示すことができなければ、政府との貴重な契約を失うこともあった。

差別撤廃措置の政策に従っている機関は、雇用の多様性を促進するために目標や計画を定め、それを実現するために、被雇用者の補充枠、少数民族の企業への契約の割り当て、優先措置など、さまざまな努力をしてきた。たとえば大学の入学者選抜で、同等の資格を持つ二人の志願者がいた場合、担当者は白人の志願者よりも少数民族の志願者を選ぶだろう。経営者であれば、男性ではなく、資格を持つ女性を募集し、雇うだろう。しかし決定に際しては、資格のない候補者を優先すべきではないし、またいわゆる「逆差別」を生み出してはならないことになっている。

しかし差別撤廃措置に対する異議申し立てはすぐ起こった。カリフォルニア大学デイヴィス校医学部の人種による差別撤廃措置の方針に対して訴訟が起こされたのである。大学は、百人につき十六人の割合で、経済的、教育的不利をこうむってきた少数民族（黒人、メキシコ系アメリカ人、アジア人、ネイティヴ・アメリカン）を入学させる「特別入学許可枠」と呼ばれる制度に従って、人種ごとの割り当て人数を設定していた。一九七八年の訴訟で、白人の原告、ミネアポリス出身のアラン・ポール・バッキは、試験の成績が彼より悪かった黒人が入学を許可され、彼が医学部に入学できなかったのは違憲だと主張した。

バッキ裁判は連邦最高裁判所にまで進み、最終的な判決は（一）人種ごとの固定した割り当て人数は明確な憲法違反である。しかし（二）大学の入学許可における差別撤廃措置は合憲である、というものだった。この判決はカリフォルニア大学デイヴィス校が用いた選抜方法は固定した割合に従っていたため受け入れがたいとしたが、「自由裁量」に基づく人種による入学許可方針については支持したことになる。

この裁判で、バッキは同校医学部への入学を許可され、その後大学院まで進み、医者としての職を得た。しかし大学の入学許可に見られるこのような人種に基づく差別撤廃措置は、今日でもアメリカの教育において激しい分裂を生み出す問題の一つになっている。このような問題の根底には、たとえば、少数民族の志願者が要求されている学力基準を満たしていなくても、医学部への入学が許可されるなら、適性を欠いた医師が誕生し、医療行為を始めてしまうのではないかという危惧がある。

二〇〇三年にミシガン大学に関わる二つの裁判が起こされたとき、最高裁判所はバッキ裁判の判例に従った。現在、法的には明白な人種別割り当ては許されないが、競争を前提とした入学制度において、種々の要素のなかでとりわけ人種を考慮することは全面的に認められている。

社会の他の分野でも、公平性を達成するために似たような努力がなされている。住宅に関しては、家主に優位な契約を結べるいわゆる不作為約款や他の差別的慣習は完全になくなったとは言えないまでも、確実に減少しているが、今でも一つの民族が大半を占めるような地域があることも事実である。仕事の面では、政府の独立機関として雇用機会均等委員会が設立され、雇用の際に事業主が人種や出身国により差別をした場合、訴えに応じて調査、訴訟、指導をする権限を与えられた。これ以後、公平性を求める領域は年齢、障害、宗教、さらには妊娠さえ含むほどに広がった。アメリカの雇用主のなかには、雇用の決定に際して、肌の色や出身国が考慮されたのではないかと疑われるのを避けるため、就職志願者の履歴書に写真を要求しない者もいる。また「年齢差別」だと非難されないように、誕生日や年齢を聞くことを避ける雇用主もいる。しかし、いったん雇われたとしても、女性と少数民族の従業員の昇進を常に妨げる「ガラスの天井」がまだ存在しており、未解決の問題はまだまだ残っている。ここで重要なことは、この本の目的に沿って考えれば、このような平等性や公平な待遇を勝ち取る努力の出発点になっているのは、言うまでもなくアフリカ系アメリカ人への差別をなくそうとした名もなき人々の行動であるという認識を持つことだろう。

鮮やかな進歩

現在の社会を見渡せば、公民権運動が他の領域にも大きな変化をもたらした例はまだまだある。たとえば、選挙に見られる変化がそうである。一九六〇年にはたった六パーセントであったミシシッピ州の黒人の選挙人登録率は、六四年のフリーダム・サマーとそれに続く草の根運動を経て、早くも一九七〇年には、六十七パーセントにまで跳ね上がった。この数字は一九九〇年代末期までに、州都ジャクソンで黒人市長、黒人警察署長が誕生し、市議会では黒人が多数派となり、州議会の議席の二十五パーセントをアフリカ系アメリカ人が占めるという現象を導き出した。さらに一九七〇年代初期には、連邦裁判所が州のハイウェイ・パトロールにはじめて黒人を任命し、一九九〇年代中ごろまでにはその二十七パーセントが黒人となった。

二〇〇〇年までには、かつては白人優越主義の砦《とりで》であったオール・ミスでさえ、学生の約十三パーセント、教員の五・五パーセントが黒人となった。一九八三年には、大学のシンボルとして公認されていた南部連合の軍旗を正式に取りやめた。一九九七年には、学生自治会が、スポーツ大会で南部連合の軍旗を振るのをやめるよう学生に求める票決さえ行ったが、これはその旗を人種差別主義の象徴として見る人たちへの配慮からであった。最近ではその旗がキャンパスで見られることはほとんどない。二〇〇〇年には、大学ははじめて全学生の代表に黒人を選んだ。二〇〇〇年秋からは、大学新聞の主幹、フットボール・チームのクォーターバック、バスケットボールの監督、すべてがアフリカ系アメリカ人になった。また現在ではアメリカ黒人の歴史に関する講座もあり、人種的調和のための研究所もある。

途切れぬ裁判

一六一九年に最初のアフリカ人奴隷が到着してから二十世紀半ばの公民権運動まで、アメリカの法体系がアフリカ系アメリカ人を無視し続けてきたことは否定できない。しかし、二十世紀の最後の十数年間に、平等の権利を求めた闘いのなかで引き起こされた犯罪に対し、多くのねばり強い綿密な調査の結果、新しい裁判がいくつも開かれ、最終的に有罪判決が出たものもある。このような裁判を「和解の裁判」や「過去との妥協」と呼ぶ者もいる。

バイロン・デ・ラ・ベックウィズは、一九六三年の活動家メドガー・エヴァーズ殺害に関して、一九六四年にすでに二つの裁判にかけられている。そしてメドガーの未亡人マーリーと彼女に協力した白人の地区検事長補ボビー・デローターの忍耐強い努力によって、ベックウィズは一九九四年に三度目の裁判にかけられた。白人四人、黒人八人からなる陪審員は、ベックウィズを第一級殺人罪で有罪とし、彼は約七年間服役した後、二〇〇一年、八十歳で死亡した。

一九六四年のチェイニー、シュワーナー、グッドマン殺害により服役していた元KKKのあるメンバーは、投票権法が通過した後の一九六六年に近所の人たちの選挙人登録を助けた黒人店主を殺害したことで、一九八八年に再逮捕された。「白い騎士団」と呼ばれたKKK一派で魔の帝王と呼ばれていたサム・バウアーズは、一九六六年の公民権運動活動家ヴァーノン・ダーマー殺害により有罪判決を受けた。

これは遅すぎた正義の一例にすぎないが、少なくとも最終的に正義は遂行されたとわたしは思いたい。新聞でこの事件の記事を読んだとき、わたしはサム・バウアーズがミシシッピ州のローレルという小さな町に住んでいたことを知りショックを受けた。わたしが育った町であったからだ。そしてある新聞記事の最後の部分を読んで、わたしは言葉を失った。事件当時、KKKの使い走りをしていた少年が、バイロン・デ・ラ・ベックウィズの逮捕、有罪を知っていたたまれなくなり、ヴァーノン・ダーマーの息子と面会をして、殺害の夜、サム・バウアーズがダーマーは「№4」だと命じたのを聞いたと彼に話したのだ。それは殺人を指示するKKK

の暗号だった。No.1が十字架を燃やすこと、No.2が鞭打ち、No.3が爆破、そしてNo.4が殺害を意味していた。この元使い走りの少年の証言がバウアーズの最終的な有罪判決にとってきわめて重大なものとなったのだ。その少年が他でもない、ボブ・ストリンガー。わたしが子どものころに「ボビー」と呼んでいた遊び仲間だったのだ。わたしの家族は殺人事件の前にローレルから引っ越していたが、もう一人の幼なじみから、ボビーが使い走りをしていたKKKのアジトの場所を聞いて、ゾッとした。そこはわたしたちが借りていた家からほんの二百メートルしか離れていなかったのだ。

一九六四年のある昼下がり、三人の公民権運動活動家がネショバ郡警察に拘束されたとき、保安官代理セシル・プライスは「伝道師」の異名を取るエドガー・レイ・キレンに電話をした。彼は自分が三人を拘束しており、その夜「始末される」までは、彼らを預かるということをKKKに知らせるようにキレンに伝えた。キレンはその夜、留置場から釈放された三人を殺害したKKKのメンバーを呼び集めた張本人である。殺人に加わった他のメンバーは有罪判決を受けて服役したが、キレンは投獄を免れた。それは一九六七年、全員白人の陪審員のなかでただ一人の女性が、「伝道師を有罪にすることはできない」と言って、有罪にすることを拒んだからだ。

しかし、キレンは二〇〇五年六月、再び州から起訴された。彼は一人の殺害につき、禁固刑二十年を、計三回受けるようにとの判決を受けた。陪審員は、三人の公民権運動活動家が待ち伏せされ、殺害された四十一周年の記念日に、八十歳のキレンを有罪としたのである。

一九六三年の第十六番通りバプテスト教会爆破事件は、南部貧困法律センターの代表者によると、「ほとんどあらゆる点で、非常に長い間眠っていたアメリカの白人の良心が目覚めた瞬間であった」。他にも空きビルや公民権運動活動家の家などの爆破があったが、この教会の爆破は、公民権運動のデモや抗議とまったく関係のない、罪のない四人の少女の命を奪ったのである。これは憎むべき犯罪以外の何ものでもない。しかし、調査は十年以上の間、一握りの容疑者に対してなんの証拠も出すことができなかった。十四年後の一九七七年になってはじめて、ロバート・「ダイナマイト・ボブ」・チャンブリスが殺人の有罪判決を受け、終身刑を言い渡された。彼は一九八五年に刑務所で死んだ。

しかし、新たな証拠を手に入れた連邦当局は、一九九六年に爆破事件の調査を再開し、二〇〇一年五月一日、トーマス・E・ブラントン・ジュニアが爆破に関わったかどで有罪判決を受け、終身刑を言い渡された。一年後、教会の爆破に関わったとされる最後の男、ボビー・フランク・チェリーの裁判では、チェリーが教会で黒人を殺したと自慢しているのを聞いたという彼の孫娘の証言が決定打となった。チェリーは、白人九人、黒人三人の陪審員によって殺人の有罪判決を受け、終身刑を言い渡された。

償い

一九六八年以来もっとも重要な社会的動向の一つは、アメリカの黒人を奴隷にしたこと、また彼らに対して行ってきた人種差別に対する償いを求める動きがあったことである。それは一九六九年、ジェイムズ・フォーマンがキリスト教教会とユダヤ教シナゴーグに対して五億ドルの賠償を求めた「黒人宣言」に始まり、現在では多元的な動きに発展し、二〇〇二年には数社の企業やアメリカ政府に対していくつかの訴訟が始まっている。エトナ保険やフリート・ボストン・ファイナンシャルのような会社は奴隷制度により儲け、奴隷の労働により利益を得てきた、もしくはそのような会社の後継者であるとみなされている。ハーヴァードのような大学でさえ、寄付金の一部は奴隷制から得られたものであるため、責任を免れないかもしれない。他の大学に対する訴訟では、過去に奴隷制で利潤を得ていた企業や、現在人種差別を行って利潤を上げている企業との関係を断ち切らせようとしている。

賠償請求を求める者たちは、日系アメリカ人が第二次大戦中に拘置されたことに対し、一九九〇年に政府からの正式な謝罪とともに一人二万ドル（総計十二億ドル）の賠償金を受け取っていることをしばしば引き合いに出す。日系アメリカ人でさえそうであれば、一六一九年から一八六五年の間、奴隷制に苦しめられ、人種差別法によりさらに一世紀を耐え抜いてきた民族にそれ以上の賠償が求められても当然であろう。

しかしこのような流れに対して、眉をひそめる人たちも当然いる。アメリカの奴隷の子孫に対する賠償に反対する主な理由は、過ちが過去に起こったことであり、実際に奴隷にされていた人々は、奴隷を所有したり、虐待したりした人々同様すでに死んでいる、というものだ。したがって、たとえば奴隷の子孫全員に金を払えというような、個別の賠償請求はほとんどない。多くの訴訟で、賠償請求は、教育、健康、地域経済の発展を求めるという形で行われている。奨学金、低金利の貸付、新たな仕事への資金投資、基幹施設の充実などがもっとも妥当な方法に聞こえるが、しかし肌の色による差別をはねのけ、すでに人生で成功したアフリカ系アメリカ人にもそれらは与えられるべきものなのかどうかは問題であろう。

またこれらの賠償を一体誰が支払うのかということに関しても複雑な問題がある。奴隷廃止運動に参加した白人、アンダーグラウンド・レイルロードで奴隷が逃亡するのを命がけで援助した白人、南北戦争で北軍に参加して戦った白人、奴隷解放宣言以後にアメリカに移住してきた白人に罪はないだろう。もしここに税金が使われるなら、過去において、たとえば東南アジアやアフリカからの移民が支払った税金を使うことをどのように正当化できるのだろうか。

現在のところ、賠償金を支払うべきか否か、また誰に対し、誰によって支払われるべきか、簡単で明快な答えはなさそうである。しかし、このような真剣な議論はこの問題に関して何かなすべきであるという感情が根強いことを示している。

過去の呪縛

現在でも時々、過去の悲惨な時代をすぐに思い出させるような恐ろしい事件が起きている。二〇〇〇年六月十六日、ミシシッピ州ココモの十七歳の少年、レイナード・ジョンソンは、テレビでバスケットボールの試合を見ていた。そのときは特に落胆している様子もなかった、と彼の兄は話している。試合の途中で彼は車を掃除してくると兄に言い残して表へ出た。約三十分後の午後九時半、レイナードの父親は前庭の小さなペカンの木で首を吊っている息子を発見した。

検視官の報告によれば、殺人の証拠はなく、郡当局は後に首吊り自殺であると断定した。しかし地元の黒人たちはレイナードは二人の白人少女と堂々とつき合っていたためにリンチにあったのだと確信していた。兄によれば、二人の少女の親族はレイナードとの関係に腹を立てていたという。またジョンソン一家は、いつもはおとなしい飼い犬の猟犬が、レイナードが死ぬ前の二晩に限って、激しくほえたてるので目が覚めてしまったと言っている。

レイナードの首に巻かれていた革で編んだベルトに、家族の誰一人として見覚えがなかったことから、この自殺説に対する疑念が生じた。さらに複数の目撃証言によれば、彼の足はまだ地面についており、ひざがわずかに曲がっていたという。そのような状態では窒息にいたるはずがない。彼が木の枝からぶら下げられたときには、すでに死んでいたのだろう。

これらの状況から、家族を始め町の住民の多くはレイナードの死を自殺とは考えていなかった。それは明らかなリンチであった。レイナードの死に関して念入りな調査を求めるためにこの郡を訪れたジェシー・ジャクソン牧師は、このリンチ疑惑の「周囲には、エメット・ティル殺害事件と同じ臭いがする」と語った。

心の変化

一九五七年九月四日、リトルロック・セントラル高校の生徒であったヘイゼル・ブライアンが学校に着いたとき、彼女は友人のサミー・ディーン・パーカーと一緒になった。カメラマンのウィル・カウンツはエリザベス・エクフォードを背後から激しく罵るヘイゼル・ブライアンの怒りに満ちた顔を撮った。この写真が『ライフ』誌に掲載されると、それはすぐに公民権運動に対する白人の緊張と怒りを象徴する写真となった。一週間もしないうちに、ヘイゼルの両親は高まりつつある人種統合の波から彼女を遠ざけて、家からより近いフラー高校に彼女を転校させた。

一九六三年、あの写真が撮られてから六年後、ヘイゼルはすでに結婚しており、子どももいた。彼女はエリザベスに電話で連絡を取り、あの日、高校の外で自分がしたことについて謝罪したいと申し出た。その謝罪は用心深くではあるが、受け入れられた。さらに数年後、ヘイゼルは家族や友人に、自分の写真が憎悪を象徴する「イメージ・キャラクター」として広く定着してしまったような気がするともらし始めた。「あの瞬間だけがわたしの人生じゃないのに……」と彼女は語り、エリザベスに直接会って和解することを心から望んだ。

一九九七年に、彼女たちは二人だけで会う機会を得た。準備をしたのは、あの写真を撮ったカメラマン、ウィル・カウンツである。セントラル高校で行われる四十周年の記念行事に先んじて、二人はエリザベスの自宅で会った。「エリザベス、わたしと会ってくれて本当にありがとう」ヘイゼルは言った。エリザベスは「もう一度カメラに向き合おうとするなんて、あなた、とても勇気があるわ」と答えた。

二人は車でセントラル高校まで行き、高校の前に一緒に立った。二人には似ているところがたくさんあり、互いに対する興味がいつしか友情になっていった。人生でそれぞれ別の挫折を味わい、同じ町出身の肌の色がまったく異なる二人の中年女性は共に笑い、カウンツが再び写真を撮った。翌年、人種問題を改善するためにいくつもの大学で開かれた会合に、二人はそろって姿を見せ始めた。

公民権運動とアフリカ系アメリカ人の遺産

公民権運動の理想と戦術は、アメリカにおいて、また海外において、他の民族の運動のためのモデルとなってきた。これまで多くの「勝利をわれらに」が歌われてきたが、一番最近歌われたのは、二〇〇六年春、不法移民のための公民権を求めて結集したヒスパニック系の人々の運動においてである。アフリカ系アメリカ人のなかには、一九六〇年代に抗議をしていた黒人たちは、合衆国国民であり、平等を求めて法廷や通りに訴えて出る以前に何世紀もの間、奴隷制、リンチ、差別に耐えてきたのであり、根本的に事情が異なるのだから、単純に公民権運動と移民のデモとを比較するべきではないと怒りを覚える者もいる。またようやく手にした自分たちの仕事を、ヒスパニック系移民が奪うことになるのではないかと心配する者もいる。さらに新たに活発になったヒスパニック系少数派の運動へ注意が集まると、まだ終わっていない数々の公民権運動から世間の目がそれてしまうと恐れる者もいる。

二〇〇六年、東ヨーロッパでは、まったく別のグループがアフリカ系アメリカ人の公民権運動を、市民権の確保、教育の平等、仕事や店での平等な扱いを求める運動のモデルとしている。ハンガリーやブルガリアで、アフリカ系アメリカ人のやり方を模倣してきたのは、ロマ族の人たちである。彼らの最初の目標は何か？　当然学校における差別の廃止である。

ブラウン裁判から五十年

一九七七年、テレビの短期シリーズ番組『ルーツ』があらゆる人種のアメリカ人に強烈なインパクトを与えた。それは多民族から成るアメリカ人の多くにとって、奴隷制やアメリカでの黒人の体験について学ぶのはもちろん、考えることもはじめての機会であった。

ここ数年の間に、過去の罪をアメリカ人に教えるもう一つの試みがなされている。特に南部の各都市にある公民権博物館に、アンダーグラウンド・レイルロード博物館や国立奴隷制度博物館が加わり、アフリカ系アメリカ人の経験をもっと視覚的な形で明確にしようとしているのである。

「黒人用」「白人用」という表示はずいぶん前になくなり、ジム・クロウ法の最後の痕跡も一世代以上前に、議会や裁判所の決定により消えていた。

近年、黒人は男女を問わず、一九五四年には誰も夢想だにしなかったような地位についている。公民権運動のリーダー、アンドルー・ヤングはアメリカの国連大使に任命された。NAACPの弁護士、サーグッド・マーシャルは黒人初の最高裁判所の判事となった。ジャマイカからの黒人移民の息子、コリン・パウエルは、黒人初の軍の最高責任者である統合参謀本部議長を務め、その後国務長官となった。ブラウン裁判のあった一九五四年にバーミングハムで生まれ、一九六三年にバーミングハムの教会爆破事件で友人を亡くしたコンドリーザ・ライスは現在、国務長官である。黒人は、その人口比率に比例した数ではないにせよ、主要な法律事務所や大企業の重役のなかにも見出すことができ、その数はかなりのものである。州知事、将校、下院議員になっている黒人も今では珍しくなくなり、白人の政治家が黒人の投票者の動向を気にしているくらいである。現在では黒人が公務につき、全国のほとんどすべてのキャンパスに黒人の学生や教員の姿が見られる。

全般的に、人種間の関係がすべて受け入れられているわけではないが、以前より寛容に扱われ、一九五四年以来の根本的な文化の変容を反映している。アメリカ社会のもっとも暗い闇の部分を除いては、どこでも露骨な偏見や人種的憎悪を拒否するのが原則である。白人だけの公立学校の人種統合を避けるために作られた南部の白人「専用学校」では、現在黒人の子どもも入学させている。南部の田舎の白人有権者が黒人の代表を選ぶこともある。ミシシッピ州出身で、元合衆国下院議員であり、アフリカ系アメリカ人としてはじめて農務長官を務めたマイク・エスピィが、そのもっとも明瞭な例であろう。

つまり、変化は劇的に起こったのだ。かつて人種差別主義は公の支持を得ていたが、今はそれもなく、いかなる相手であれ、肌の色で差別をしないということが「社会的な基準」になっている。

しかし、この物語には別の一面がある。おそらく政府指定の保留地に住むネイティヴ・アメリカンを除けば、アフリカ系アメリカ人はアメリカにおいて、今なおもっとも隔離されている人種であり、また民族である。彼らのほとんどは住民の九十パーセント、あるいはそれ以上が黒人である地域に住んでいる。彼らの失業率は白人以外のグループのなかでもっとも高い。黒人家族の貧困率は白人家族のおおよそ三倍である。

そしてこの継続している隔離が原因であるにしろ、あるいは結果であるにしろ、黒人も白人もお互いについて学ぶべきことがまだまだたくさん残されている。人種差別とその根絶は単純に政治的、社会的政策の問題というわけではなく、人間の心の問題でもある。体験を共有したり、共に働き、共に遊ぶことがなければ、アフリカ系アメリカ人と白人のアメリカ人はお互いに離れたままで、たぶんジム・クロウ法があった時代ほど残酷ではないにしろ、隔離されているることではまったく変わりはないだろう。ジム・クロウは姿を消したように思える。しかし、そいつはわたしたちの心の奥深くに潜んでいるのかもしれない。二十世紀を力強く歩んだあの人たち――あの名もなき人々の勇気と大胆さを学ぶことで、わたしたちも、わたしたちを分断している壁を崩すことに参加できるはずである。

エピローグ

人民主義者が一八九〇年代にミシシッピ州で虐げられてきた「普通の人間」のために立ち上がり始めたとき、ジェイムズ・キンブル・バーダマンは率先して上流階級に対して、また鉄道の拡張によって象徴される強力な企業の利益に対して戦いを挑んだ。シミ一つない白いスーツ、刺すような目、入念にブラシを入れた長い髪のために、「グレート・ホワイト・チーフ」として知られたバーダマンは、一九〇四年から一九〇八年までミシシッピ州知事を、その後一九一三年から一九年まではミシシッピ州選出の連邦上院議員を務めた。その間、彼はミシシッピ州の刑法制度の改革において大きな責任を負い、囚人を奴隷のように労働力として使える「囚人の賃貸借」という残酷な制度を廃止し、服役囚が自分たちの犯した犯罪に対する罰として労働をする州立の更生施設を作ったのである。

ジェイムズ・キンブル・バーダマンが今日、その名前を少しでも知られているとするなら、彼は「普通の人」を擁護したが、そのとき彼の頭にあったのは普通の白人であったということにおいてである。率直に言えば、彼は過激な人種差別主義者であり、黒人のことを「いかなる訓練を受けても許容できる市民に変えることさえできない、怠惰で嘘つきで好色な動物」と言った人物である。当時の多くの人と同様、彼は黒人の教育に金を使うことは、良い農夫と申し分のない家事奉公人を「堕落」させ、彼らの「適切な立場」に不満を抱かせ、傲慢にするだけで、まったくの無駄であると考えていた。しかし彼はそれだけにとどまらず、演説では強姦についで触れないことはまずなく、「黒い悪魔」は白人女性に流し目を送りながら、絶えず相手を求めてうろつき回っていると恐怖心をあおった。あるときには、黒人の強姦容疑者が残酷な拷問を受け、生きながら火あぶりにされたリンチさえも擁護したことがあるのだ。

　ジェイムズ・キンブル・バーダマンはわたしの曾祖父である。この名字は珍しいので、わたしは生まれてこのかたずっと、南部の人たちから、また時には他の場所の人たちからも、「あの知事」と関係があるのかどうか尋ねられたが、わたしはいつも本当のことを語ってきた。わたしは「血縁による罪」というものを意識したことはないが、南部でもアメリカの他の場所でも、わたしの同胞であるアフリカ系アメリカ人に対してなされてきた計り知れない不正に対して、一人の白人として責任を感じている。わたしの曾祖父や彼のような人たちが支持していたすべてのことに対して、静かに戦ったアフリカ系アメリカ人の自己犠牲と献身に対し、わたしは深い敬意を表すると同時に、少なくともこの本が、違った色の肌をした人たちを擁護するために、これまでわたしが個人的に勇気を持って立ち上がることができなかったそのすべての瞬間に対する謝罪になればと願っている。

参考文献

邦訳のあるものは示したが、本文中の引用は新たに訳出したものである。

Arsenault, Raymond. *Freedom Riders: 1961 and the Struggle for Racial Justice*. New York: Oxford University Press, 2006.

Bates, Daisy. *The Long Shadow of Little Rock*. New York: David McKay, Co., 1962.

Beals, Melba Pattillo. *Warriors Don't Cry*. New York: Washington Square Press, 1994.

Boyd, Herb. *We Shall Overcome*. Naperville, IL: Sourcebooks, Inc., 2004.

Branch, Taylor. *Parting the Waters: America in the King Years, 1954–63*. New York: Simon & Schuster, 1988.

.... *Pillar of Fire: America in the King Years, 1963–65*. New York: Simon & Schuster, 1998.

.... *At Canaan's Edge: America in the King Years, 1965–68*. New York: Simon & Schuster, 2006.

Chafe, William H. et al. (ed.). *Remembering Jim Crow: African Americans Tell About Life in the Segregated South*. New York: The New Press, 2001.

Cobb, James C. *The Most Southern Place on Earth*. New York: Oxford University Press, 1992.

Cottrol, Robert J., Raymond T. Diamond and Leland B. Ware. *Brown v. Board of Education: Caste,*

Culture, and the Constitution. Lawrence: University Press of Kansas, 2003.

Daniel, Pete. *Lost Revolutions: The South in the 1950s*. Chapel Hill: University of North Carolina Press, 2000. (『失われた革命　１９５０年代のアメリカ南部』前田絢子訳、青土社、二〇〇五年)

Darden, Robert. *People Get Ready!: A New History of Black Gospel Music*. New York: Continuum International, 2004.

DeLaughter, Bobby. *Never Too Late: A Prosecutor's Story of Justice in the Medgar Evers Case*. New York: Scribner, 2001.

Dershowitz, Alan M. *America on Trial: Inside the Legal Battles That Transformed Our Nation*. New York: Warner Books, 2004.

Doyle, William. *An American Insurrection: James Meredith and the Battle of Oxford, Mississippi, 1962*. New York: Anchor, 2003.

Evers-Williams, Myrlie and Manning Marable, ed. *The Autobiography of Medgar Evers*. New York: Basic Civitas, 2005.

Field, Ron. *Civil Rights in America, 1865–1980*. Cambridge: Cambridge University Press, 2002.

Halberstam, David. *The Fifties*. New York: Fawcett Columbine, 1993. (『ザ・フィフティーズ』上下、金子宣子訳、新潮社、一九九七年)

Hale, Grace Elizabeth. *Making Whiteness: The Culture of Segregation in the South, 1890–1940*. New York: Vintage Books, 1998.

Hendrickson, Paul. *Sons of Mississippi*. New York: Alfred A. Knopf, 2003.

Kasher, Steven. *The Civil Rights Movement: A Photographic History, 1954–68*. New York: Abbeville Press, 1996.

King, Martin Luther, Jr.. *Why We Can't Wait*. New York: Harper & Row, 1964. （『黒人はなぜ待てないか』中島和子、古川博巳訳、みすず書房、一九六六年）

Litwack, Leon F. *Trouble in Mind: Black Southerners in the Age of Jim Crow*. New York: Vintage Books, 1998.

McWhorter, Diane. *Carry Me Home: Birmingham, Alabama, The Climactic Battle of the Civil Rights Revolution*. New York: Touchstone, 2001.

Metress, Christopher, ed. *The Lynching of Emmett Till: A Documentary Narrative*. Charlottesville: University of Virginia Press, 2002.

Morris, Willie. *The Ghosts of Medgar Evers: A Tale of Race, Murder, Mississippi and Hollywood*. New York: Random House, 1998.

Ogletree, Charles J., Jr. *All Deliberate Speed: Reflections on the First Half-century of Brown v. Board of Education*. New York: W.W. Norton & Company, 2004.

Packard, Jerrold M. *American Nightmare: The History of Jim Crow*. New York: St. Martins Griffin, 2002.

Parks, Rosa, with Jim Haskins. *Rosa Parks: My Story*. New York: Dial Books, 1992. （『ローザ・パークス自伝』高橋朋子訳、潮出版社、一九九九年）

Till-Mobley, Mamie. *Death of Innocence: The Story of the Hate Crime that Changed America*. New

York: One World, 2003.
Williams, Juan. *Eyes on the Prize: America's Civil Rights Years 1954–1965*. New York: Penguin, 1987.
Winbush, Raymond A., ed. *Should America Pay?: Slavery and the Raging Debate on Reparations*. New York: Amistad, 2003.
Wright, Richard. *Black Boy: a Record of childhood and youth*. New York: Harper & Bros, 1945.
（『ブラック・ボーイ　ある幼少期の記録』野島孝訳、岩波書店、一九六二年）

ジェームス・M・バーダマン

一九四七年、アメリカ・テネシー州生まれ。早稲田大学文化構想学部教授。専門は英文学・アメリカ南部の歴史と文化。著書に『アメリカ南部』（講談社現代新書）『ふたつのアメリカ史』（東京書籍）『わが心のディープサウス』（河出書房新社）『ミシシッピ＝アメリカを生んだ大河』（講談社選書メチエ）『ロックを生んだアメリカ南部』（日本放送出版協会）ほか。

水谷八也（みずたに　はちや）

一九五三年生まれ。早稲田大学文化構想学部教授。専門は英米演劇。翻訳書にアリエル・ドーフマン『谷間の女たち』（新樹社）『世界で最も乾いた土地』（早川書房）ほか。

黒《こく》人《じん》差《さ》別《べつ》とアメリカ公《こう》民《みん》権《けん》運《うん》動《どう》

集英社新書〇三九二B

二〇〇七年五月二二日　第一刷発行
二〇二〇年七月二五日　第四刷発行

著者……ジェームス・M・バーダマン　訳者……水《みず》谷《たに》八《はち》也《や》

発行者……茨木政彦

発行所……株式会社集英社

東京都千代田区一ツ橋二-五-一〇　郵便番号一〇一-八〇五〇
電話　〇三-三二三〇-六三九一（編集部）
〇三-三二三〇-六〇八〇（読者係）
〇三-三二三〇-六三九三（販売部）書店専用

装幀……原　研哉

印刷所……凸版印刷株式会社

製本所……加藤製本株式会社

定価はカバーに表示してあります。

 ISBN 978-4-08-720392-9 C0236

a pilot of wisdom